MILITÄRFLUGZEUGE

International

ISBN 3-9805934-2-8

Ausgabe 2000/2001
Alle Rechte, auch die des auszugsweisen Nachdrucks,
der fotomechanischen Wiedergabe und der Übertra-
gung auf Datenträger, vorbehalten.
© Air Gallery Edition
D-85435 Erding
Gesamtherstellung: Athesiadruck, Bozen
Umschlagbild: Boeing F-22 Raptor
Seite 1: Eurofighter Typhoon

Helmut Kreuzer

MILITÄRFLUGZEUGE

International

Über 100 bedeutende Militärflugzeuge
im Einsatz bei den Luftstreitkräften der
Welt

AIR GALLERY EDITION

VORWORT

Zum Beginn des 21. Jahrhunderts befinden sich etwa 20 000 Kampfflugzeuge weltweit im Einsatz, davon etwa 16 000 Jagdflugzeuge. Die politische Wende in den Ländern des ehemaligen Ostblocks und die Auflösung ihres Wehrbündnisses Warschauer Pakt, beendete den sogenannten kalten Krieg zwischen den beiden Machtblöcken Ost und West und damit das Risiko eines weltweiten, bewaffneten Konfliktes. Bedingt durch die Neue weltpolitische Situation sowie eine angespannte, ökonomische Lage in zahlreichen Ländern der Welt (Asienkriese), kommt es gegenwärtig zu drastischen Kürzungen der Wehretats, die das Bild der Militärluftfahrt am Anfang dieses Jahrtausends prägen. Die Konsequenzen aus dieser Situation sind, daß die Streitkräfte die Anschaffung neuer Waffensysteme verspäten, oder ganz streichen müssen. Ferner müssen die gegenwärtig vorhandenen Waffensysteme durch Modernisierungsprogramme für bis zu 20 weitere Dienstjahre angepasst werden. Vereinzelt kommt es auch schon zur Vermietung (Leasing) von Militärflugzeugen, eine Praxis, die in der Zivilluftfahrt stark verbreitet ist.

Ein aktueller Trend bei den Flugzeugproduzenten in Europa und den USA sind die Firmenzusammenschlüsse zu großen Konzernen. Durch diese sogenannten Fusionen bauen die neuen Megakonzerne ihre Marktposition im geänderten globalen Wettbewerb aus. Der Weltmarkt für Militärflugzeuge wird in erster Linie von Produzenten aus Europa und den USA versorgt, während Russland mit seinen relativ preisgünstigen, aber technologisch nicht ganz aktuellen Produkten, ebenfalls ein wichtiger Lieferant ist, hauptsächlich für die Länder der Dritten Welt.

Während die Kampfflugzeuge vor etwa 50 Jahren noch für spezielle Einsatzaufgaben ausgelegt wurden, ist das Kampfflugzeug für das 21. Jahrhundert ein Mehrzweckmuster für nahezu alle Kampfaufgaben, ausgerüstet mit der revolutionärsten Kampfavionik. Ein Beispiel dafür sind die aktuellen Typen *Eurofighter*, *JAS 39 Gripen* und *Rafale*. Kampfflugzeuge mit interkontinentaler Reichweite besitzen nur die Streitkräfte Russlands sowie der USA. Ein wichtiges Segment der Militärluftfahrt sind die Transportflugzeuge in allen Gewichtsklassen, die man äußerlich von anderen Flugzeugmustern hauptsächlich an der Hochdecker-Bauweise, an dem hochgezogenen Rumpfheck und an dem kurzen Fahrwerk unterscheiden kann. In Friedenszeiten werden diese Flugzeuge häufig für humanitäre Einsätze verwendet. Seit der Berliner Luftbrücke von 1948/49, sind solche Einsätze unter dem Fachbegriff *Airlift* in allen Größenordnungen weltweit durchgeführt worden. Bei Umweltkatastrophen in abgelegenen Gebieten können oft nur Militärtransporter für die erschwerten Einsatzbedingungen eingesetzt werden.

Der Hubschrauber wird bei den Streitkräften für alle Einsatzarten verwendet. Neben zahlreichen Mehrzweckmustern werden auch stark bewaffnete Typen für den Bodenkampf eingesetzt. Eurocopter aus Europa entwickelte mit dem Muster *Tiger* einen der aktuellsten Typen unter den Kampfhubschraubern und mit dem Muster *NHI 90* einen der aktuellsten Mehrzweckhubschrauber.

Für die Schulung zukünftiger Militärpiloten stehen mehrere Kategorien von Trainingsflugzeugen zur Verfügung, vom Basistrainer mit Kolbenmotoren, bis zum überschallschnellen Jet. Ein wirtschaftlicher Trend bei der Basis- und Fortgeschrittenenschulung sind gegenwärtig Turbopropmuster mit zwei Tandemsitzen und Cockpits mit Bildschirmanzeigen (Glas Cockpits). Zwei aktuelle und erfolgreiche Typen in dieser Kategorie sind die Baureihen *Tucano* von Embraer aus Brasilien und *PC-7/PC-9* von Pilatus aus der Schweiz. Beide Baureihen lassen sich auch zu leichten Kampfflugzeugen ausrüsten.

Das größte Verteidigungsbündnis, die NATO, hat nach der Auflösung des Warschauer Paktes keinen klassischen Gegner mehr und widmet sich gegenwärtig weltweiten, friedenserhaltenden Maßnahmen. Der Kosovo-Konflikt war das jüngste Beispiel dieser geänderten NATO-Strategie. Man kann für alle Menschen auf der Welt hoffen, daß die zu einem High-Tec-Kampf gerüsteten Langstreckenbomber mit nuklearer Bewaffnung auf ihren Basen bleiben und auch in Zukunft nur zur Abschreckung dienen werden.

Ihr Autor

Das Cockpit von Kampfflugzeugen der aktuellsten Generation besitzt ausschließlich Bildschirmanzeigen, auf dem Bild als Beispiel das Cockpit des Eurofighters. Foto: Eurofighter

AERMACCHI MB-339   Italien

Die italienische Aeronautica Macchi zählt zu den ältesten Flugzeugfirmen der Welt und bereits während des Ersten Weltkrieges wurden von Macchi etwa 2500 Flugzeuge ausgeliefert.
Gegen Mitte der 50er Jahre begann man bei Macchi unter der Projektbezeichnung *MB-326* mit den Projektarbeiten für einen modernen Jettrainer. Neben der Pilotenausbildung wurde das Muster auch für leichte Kampfeinsätze ausgelegt. Im Dezember 1957 begann die *MB-326* mit der Flugerprobung und im Mai 1962 übernahm die italienische Luftwaffe die ersten Einheiten in den Dienst. Von den knapp 800 gebauten Maschinen produzierte Macchi nur 270, der Rest entstand durch Lizenzproduktionen in Australien (97), Brasilien (182) und Südafrika (250). Das Muster steht heute noch zahlreich im Einsatz. Auf der Basis der *MB-326* entstand Mitte der 70er Jahre das verbesserte Nachfolgemuster *MB-339,* das im August 1976 mit der Flugerprobung begann. Im Gegensatz zum Vorgängermodell hat die *MB-339* abgestufte Sitze für den Flugschüler und den Trainer, wodurch sich die Sicht vom hinteren Sitz nach vorne erheblich verbessert. Ferner erzielte man durch eine Absenkung des Rumpfbugs auch eine bessere Sicht für den Flugschüler. Die *MB-339* kam 1981 bei der italienischen Luftwaffe erstmals zum Einsatz und hier wurden 100 Maschinen gekauft.
Die Basisversion *MB-339A* hat als Antrieb das britische Strahltriebwerk Rolls-Royce Viper 632 mit 17,8 kN Standschub, während die verstärkte Ausführung *MB-339B* das stärkere Triebwerkmuster Viper 680 mit 19,57 kN Standschub besitzt sowie größere Tiptanks am Flügel. Die seit 1991 im Dienst stehende Variante *MB-339C* hat eine aufgewertete Avionik, während die *MB-339FD* eine digitale Instrumentierung erhielt. Von allen Varianten der *MB-339* wurden etwa 250 Maschinen ausgeliefert. Neben der italienischen Luftwaffe steht das Muster u. A. bei den Streitkräften von Neuseeland, Peru und Venezuela im Einsatz.

Kategorie:	Trainer und leichtes Kampfflugzeug, Crew 2.
Bewaffnung:	Max. 1814 kg diverse Waffen an 6 Stationen, darunter Bomben, Lenkwaffen oder Kanonenpods bis Kal. 30 mm.
Antrieb:	Ein Strahltriebwerk Rolls-Royce Viper 680 mit 19,57 kN Standschub, kein Nachbrenner.
Hersteller:	Aermacchi SpA, Werk Venegono Superiore, Italien.
Erstflug:	13.08.1976 / **Preis:** ~ 15 Mio. US-$ / **Prod. Maschinen:** 250
Photo:	(Aermacchi): Zwei MB-339 der italienischen Luftwaffe.

Daten der MB-339C:

Spannweite 11,22 m, Länge 11,24 m, Höhe 3,90 m, Flügelfläche 19,30 m². Leermasse 3414 kg, Startmasse 5030 kg, mit Überlast 6350 kg, Treibstoff intern 1788 l, extern 653 l.
Höchstgeschwindigkeit 926 km/h, Landegeschwindigkeit 200 km/h, Dienstgipfelhöhe 14 020 m, max. Steigleistung 35 m/s, Startrollstrecke 550 m, Überführungsreichweite 1800 km, Einsatzradius mit 1000 kg Waffen 255 km, Treibstoffverbrauch 800 l/h.

Das Werk Aero in Vodochody nördlich von Prag, produziert seit 1920 Flugzeuge. Seit 1953 wurden hier etwa 10 000 Militärjets gebaut, darunter auch die bekannten sowjetischen Jagdflugzeuge *Mig-15* und *Mig-21* in Lizenz. Ende der 50er Jahre entwickelte Aero den Jet-Trainer *L-29 Delfin*, von dem bis 1974 genau 3568 Exemplare ausgeliefert wurden, davon allein etwa 3000 Exemplare an die sowjetischen Streitkräfte. Das Muster steht heute immer noch zahlreich in mehreren Ländern im Einsatz.
Die *L-29* ist 620 km/h schnell und sie hat 3 325 kg max. Startmasse. Basierend auf den Erfahrungen mit der *L-29* entstand das erheblich fortschrittlichere Modell *L-39 Albatros*. Die *L-39* begann im November 1968 mit der Flugerprobung und sie ging 1970 in die Serienproduktion. Insgesamt wurden etwa 2800 *L-39* in verschiedenen Varianten in 16 Länder exportiert, · darunter 2075 in die ehemalige Sowjetunion, 180 nach Libyen, 100 nach Syrien und 80 in den Irak. Ferner wurde die *L-39*, mit Ausnahme von Polen, in alle Länder des ehemaligen Warschauer Paktes exportiert. Neben der Pilotenschulung wird die *L-39* auch als leichtes Kampfflugzeug eingesetzt, hauptsächlich die Variante *L-39 ZA*.
Für den Markt in den westlichen Ländern entstand die Variante *L-139*, sie hat Anstelle des russischen Triebwerkes AI-25TL das US-Triebwerk Allied-Signal TFE731. Ferner stammen bei dieser Variante alle Betriebssysteme sowie die Avionik von westlichen Herstellern. Bis zum Jahr 2000 fand sich allerdings noch kein Kunde für diese Variante. Es ist wahrscheinlich, daß man die Produktion in Zukunft nur auf die beiden verstärkten Ausführungen *L-59/L-159* konzentrieren wird.
Nach einem umfangreichen Sanierungsprogramm übernahm der US-Luftfahrtkonzern Boeing im Sommer 1998 für 32 Mio. US-$ die Aktienmehrheit von Aero Vodochody (90%).

Kategorie:	Trainer und leichtes Kampfflugzeug, Crew 2.
Bewaffnung:	Max. 1820 kg diverse Waffen an 4 Stitionen, darunter Lenkwaffen, Bomben sowie 2 Kanonen Kaliber 23 mm.
Antrieb:	Ein Mantelstromtriebwerk Progress AI-25TL mit 16,99 kN Standschub, kein Nachbrenner.
Hersteller:	Aero, Werk Vodochody, Tschechische Republik.
Erstflug:	04.11.1968 / **Preis** ~ 9 Mio. US-$ / **Prod. Maschinen** 2 800
Photo:	(Aero): Eine L-59T.

Daten der L-39 ZA:

Spannweite 9,46 m, Länge 12,13 m, Höhe 4,77 m, Flügelfläche 18,90 m². Leermasse 3370 kg, Startmasse 5670 kg, mit Überlast 5945 kg, Treibstoff intern 1225 l, extern 680 l.
Höchstgeschwindigkeit 762 km/h, Landegeschwindigkeit 175 km/h, Dienstgipfelhöhe 12 000 m, max. Steigleistung 22 m/s, Startrollstrecke 445 m, Überführungsreichweite 1800 km, Einsatzradius mit 1000 kg Waffen 200 km, Treibstoffverbrauch 800 l/h.

Anfang der 80er Jahre begann man bei Aero mit der Entwicklung einer verstärkten und aufgewerteten Ausführung auf der Basis der erfolgreichen
L-39. Das Projekt bekam die Typenbezeichnung L-59 und der Prototyp
begann im September 1986 mit der Flugerprobung. Gegenüber der L-39
bekam die L-59 eine generell verstärkte Zelle für max. 7000 kg Startmasse,
eine geringfügig vergrößerte Flügelspannweite und das stärkere Triebwerk
DV-2 mit 21,6 kN Standschub. Ferner wurde die Avionik erheblich aufgewertet, um die L-59 hauptsächlich für die Schulung von Kampeinsätzen zu
verwenden.
Als erster Abnehmer bekam die einheimische Luftwaffe im Dezember 1989
fünf L-59, später folgten die Luftstreitkräfte von Ägypten mit 48 Einheiten
und von Tunesien mit 12 Einheiten. Die Bewaffnung der L-59 besteht aus
zwei Kanonen Kaliber 23 mm und diversen Waffen an 4 Aufhängepunkten
unter dem Flügel bis max. 1530 kg. Im Jahre 1993 gab das tschechische
Verteidigungsministerium eine Ausschreibung für ein leichtes Mehrzweckkampfflugzeug heraus, das auf der Basis der L-59 entwickelt werden sollte.
Das Projekt erhielt die Typenbezeichnung L-159 und im Juli 1997 wurde ein
Auftrag über 72 Maschinen im Gesamtwert von etwa 700 Mio. US-$ unter-
zeichnet. Gegenüber den Vorgängervarianten der L-39/-59-Baureihe ist die
L-159 ein High-Tec-Kampfflugzeug mit moderner Avionik für Einsätze unter
allen Wetterbedingungen sowie bei Tag oder in der Nacht.
Die Hauptaufgaben der L-159 im Dienste der tschechischen Luftwaffe ist
der Erdkampf, die Aufklärung und die Kampfausbildung. Mit der Flugerprobung der L-159 wurde im August 1997 begonnen und im Herbst 2000 wird
mit der Auslieferung der ersten Maschinen begonnen, sie ersetzten bei den
tschechischen Streitkräften die Mig-21. Für den Export wird die Variante L-
159 ALCA – Advaced Light Combat Aircraft angeboten, zum Stückpreis von
etwa 13 bis 15 Millionen US-$.

Kategorie:	Trainer und leichtes Mehrzweckkampfflugzeug, Crew 2.
Bewaffnung:	Max. 2340 kg diverse Waffen an 7 externen Stationen, da-runter Bomben, Lenkwaffen oder Kanonenbehälter.
Antrieb:	(L-159): Ein Mantelstromtriebwerk AlliedSignal F124-GA-100 mit 28 kN Standschub, kein Nachbrenner.
Hersteller:	Aero, Werk Vodochody, Tschechische Republik.
Erstflug:	2.8.1997 / **Preis** ~ 15 Mio. US-$ / **Prod. Maschinen** 55
Photo:	(Aero): L-159A der tschechischen Luftwaffe

Daten der L-159

Spannweite 9,54 m, Länge 12,70 m, Höhe 4,77 m, Flügelfläche 18,90 m².
Leermasse 4165 kg, Startmasse 7000 kg, mit Überlast 8000 kg, Treibstoff
intern 1225 l, extern 1050 l.
Höchstgeschwindigkeit 925 km/h, Landegeschwindigkeit 200 km/h, Dienstgipfelhöhe 13 000 m, max. Steigleistung 62 m/s, Startrollstrecke 900 m,
Überführungsreichweite 2500 km, Einsatzradius mit 1500 kg Waffen
450 km, Treibstoffverbrauch 850 l/h.

AGUSTA A 129   Italien

Die italienische Flugzeugfirma Agusta ist seit den 60er Jahren als Hubschrauberproduzent bekannt. Neben Lizenzprodukten entwarf Agusta auch eine ganze Reihe eigener Hubschraubertypen für den zivilen und militärischen Einsatz. Unter der Projektbezeichnung *A 129 Mangusta* begann Agusta Anfang der 80er Jahre mit der Entwicklung eines stark bewaffneten Kampfhubschraubers primär für die einheimische Armee. Die *A 129* entspricht in ihrer Auslegung weitgehend anderen Kampfhubschraubern dieser Klasse, mit abgestuften Tandemsitzen für den Schützen und dahinter für den Piloten, mit einem Waffenträger auf beiden Seiten des Rumpfes und einer beweglichen, dreiläufigen Kanone Kaliber 20 mm unter dem Rumpfbug. Eine aufwendige Panzerung schützt die Crew und lebenswichtige Teile des Hubschraubers vor dem Beschuß vom Boden bis zu einem Kaliber von 12,7 mm. Eine fortschrittliche Avionik gewährleistet den Einsatz des Musters unter kritischen Wetterbedingungen sowie bei Nacht. Die primären Einsatzaufgaben der *A 129* sind die Bekämpfung von gepanzerten Zielen mit acht Panzerabwehrlenkwaffen und der Bodenkampf mit verschiedenen Waffen, darunter auch ungelekte Lenkwaffen. Die *A 129* begann im September 1983 mit der Flugerprobung und 1990 bekam die italienische Armee die ersten 15 Maschinen von einer Gesamtbestellung über 60 Einheiten. Bis zum Jahre 1996 folgten 30 weitere *A 129* und die restlichen 25 Einheiten werden in der aufgewerteten Variante *A 129 International* ausgeliefert. Diese Varante begann im Januar 1995 mit den Flugtests und sie hat gegenüber der Basisvariante einen neuen Fünfblatt-Rotor, etwa 50% mehr Triebwerkleistung und 1000 kg mehr Startmasse. Daneben bietet die *International* auch erheblich gesteigerte Flugleistungen, hauptsächlich bei hohen Außentemperaturen. Bis zur Gegenwart konnte Agusta keine Exporterfolge für die *A 129* erzielen. Agusta gehört seit Februar 1994 der Firmengruppe Finmeccanica an.

Kategorie: Kampfhubschrauber, Crew 2.
Bewaffnung: Eine dreiläufige Kanone Kal. 20 mm und am Waffenträger befinden sich 4 Aufhängepunkte für max. 1000 kg Waffen.
Antrieb: Zwei Turbinen Allison/Rolls-Royce CTS800-2 mit je 1016 kW Startleistung.
Hersteller: Agusta/Finmeccanica, Werk Cascina Costa, Italien.
Erstflug: 11.09.1983 / **Preis** ~ 8 Mio. US-$ / **Prod. Maschinen** 50
Photo: (Agusta): Ein A 129 der italienischen Streitkräfte.

Daten der A 129 International
Durchmesser des Hauptrotors 11,90 m, des Heckrotors 2,50 m, Rumpflänge 12,27 m, Höhe 3,35 m. Leermasse 2600 kg, Startmasse 5100 kg, mit Überlast 5300 kg, Treibstoff intern 750 l, extern 700 l.
Höchstgeschwindigkeit 278 km/h, Dienstgipfelhöhe 5500 m, max. Steigleistung 11,1 m/s, Schwebehöhe ohne Bodeneffekt 4200 m, mit Bodeneffekt 3300 m, Überführungsreichweite 750 km, Einsatzradius mit 900 kg Waffen 200 km, Treibstoffverbrauch 425 l/h.

AIDC CHING-KUO   Taiwan

Das staatliche Unternehmen Aero Industry Development Center – *AIDC* wurde im März 1969 gegründet, um für die Luftstreitkräfte Taiwans Flugzeuge in Lizenz herzustellen sowie Wartungsarbeiten durchzuführen. Neben den Lizenzprodukten entwickelte AIDC auch eigene Flugzeugmuster, darunter den Jet-Trainer *AT-3* und den Luftüberlegenheitsjäger *IDF*. Mit den Projektarbeiten für das ehrgeizige Projekt *IDF* – Indigenous Defence Fighter wurde Anfang der 80er Jahre begonnen und als strategische Projektparner waren die US-Firmen General Dynamics (Zelle), AlliedSignal (Triebwerk) und Westinghouse (Radartechnologie) beteiligt. Der *IDF* ist als Ablösemuster für die Typen Northrop *F-5* und Lockheed *F-104* bei der Luftwaffe Taiwans ausgelegt worden.

Er zählt mit etwa 10 t Startmasse zu den leichten Jagdflugzeugen und seine wichtigsten Merkmale sind eine hohe Wendigkeit sowie eine High-Tec-Kampfelektronik. Die Zelle ist für eine Lebensdauer von 8000 Flugstunden sowie 12 000 Landungen ausgelegt, die Steuerung hat eine Fly-by-wire-Technologie. Der Prototyp des *IDF* begann im Mai 1989 mit der Flugerprobung, die 1993 abgeschlossen war.

Im Januar 1993 kamen die ersten *IDF* bei der Luftwaffe zum Einsatz und 1999 war das Programm mit der Auslieferung der 130. Maschine abgeschlossen. Ursprünglich war die Beschaffung von 250 *IDF* geplant, aber man entschied sich später für die Beschaffung von 150 *F-16*, die sich als vielseitiger für die Luftwaffe Taiwans eignen als der *IDF*. Der *IDF* bekam den Typennamen *Ching-Kuo* und von den 130 Maschinen sind 102 als Einsitzer ausgelegt, während die Restlichen 28 als Zweisitzer ausgelegt sind. Die zweisitzige Ausführung wird für das Fortgeschrittenentraining verwendet, sie hat gegenüber den Einsitzern eine geringere Tankkapazität. Neben der Luftraumsicherung kann der IDF auch für den Bodenkampf oder für die Aufklärung ausgerüstet werden.

Kategorie:	Abfangjäger, Crew 1 oder 2.
Bewaffnung:	Eine Bordkanone Kal. 20 mm, 6 Luft-Luft-Lenkwaffen, oder max. 3175 kg andere Waffen an 9 externen Stationen.
Antrieb:	Zwei Mantelstromtriebwerke TFE1042-70 mit je 42,2 kN Standschub mit Nachbrenner.
Hersteller:	AIDC, Werk Taichung, Taiwan.
Erstflug:	28.05.1989 / **Preis** k. A. / **Prod. Maschinen** 130.
Photo:	(AIDC): Ein IDF mit 4 Luft-Luft-Lenkwaffen.

Daten des IDF

Spannweite 8,55 m, Länge 14,24 m, Höhe 4,45 m, Flügelfläche 24,29 m².
Leermasse 6488 kg, Startmasse 9526 kg, mit Überlast 12 519 kg, Treibstoff intern 2637 l, extern 3300 l.
Höchstgeschwindigkeit 1900 km/h (Mach 1,7), Landegeschwind. 250 km/h, Dienstgipfelhöhe 16 500 m, max. Steigleistung 255 m/s, Startrollstrecke 600 m, Überführunsgreichweite 2600 km, Einsatzradius mit 2000 kg Waffen 750 km, Treibstoffverbrauch 1800 l/h.

AIRBUS A400M   International

Unter der Projektbezeichnung *Future Large Aircraft – FLA*, begannen Mitte der 80er Jahre die acht führenden Länder der NATO mit gemeinsamen Studien für einen strategischen Militärtransporter, der am Anfang des 21. Jahrhunderts Muster wie die Lockheed *C-130* oder *C-160* ablösen soll. Im Sommer 1991 entstand in Rom der Dachverband *Euroflag*, der das gemeinsame Management für das FLA-Projekt übernahm. Dem Dachverband gehörten folgende Firmen an: Aerospatiale/Frankreich, Alenia/Italien, British Aerospace/Großbritannien, Dasa/Deutschland, Flabel/Belgien, Ogma/Portugal und Tusas/Türkei. Ogma hat sich mittlerweile von dem FLA-Projekt getrennt. Im Februar 1999 wurde die *Airbus Military Company – AMC* gegründet, die das Management des FLA-Projektes unter der neuen Typenbezeichnung *A400M* übernahm.

Nach dem gegenwärtigen Stand wird die Entwicklung der *A400M* mindestens sechs Milliarden US-$ kosten und mit der Erstauslieferung wird nicht vor 2006 gerechnet. Der gemeinsame Bedarf liegt bei 288 Flugzeugen, aufgeteilt auf folgende Abnehmerländer: Deutschland 75, Frankreich 50, Großbritannien 45, Italien 44, Spanien 36, die Türkei 26 und Belgien 12. Bei etwa 117 t max. Startmasse, wird die *A400M* 25 t Nutzmasse 6 000 km nonstop transportieren können.

Der Laderaum wird 4,0 m breit, 3,85 m hoch und 22,5 m lang sein, bei einem Gesamtvolumen von etwa 350 m³. Für den Antrieb der *A400M* will man vier Propfans in der Leistungsklasse von etwa 6000 kW verwenden, dieser Propfan muß noch entwickelt werden. *Die A400M* muß unter den gleichen Bedingungen einsetzbar sein, wie die gegenwärtigen Militärtransporter, also auf unvorbereiteten Pisten und ohne Bodeneinrichtungen, was bei humanitären Flügen in die Dritte Welt oft der Fall ist. Über die Bauentscheidung sowie den Entwicklungsplan der *A400M* soll spätestens Ende 2000 entschieden werden.

Kategorie: Militärtransporter für Mittelstrecken, Crew 5.
Bewaffnung: Keine
Nutzmasse: 32 000 kg, 108 Soldaten oder 50 liegende Verwundete.
Antrieb: Vier Propfans in der Leistungsklasse mit je 6950 kW Startleistung, wahrscheinlich die Marke M138.
Hersteller: AMC-Konsortium, International.
Erstflug: Etwa 2004 / **Preis** ~ 150 Mio. € / **Prod. Maschinen** 0.
Photo: (AMC) Modell der A400M

Daten der A400M
Spannweite 42,36 m, Länge 42,17 m, Höhe 14,73 m, Flügelfl. 221,50 m². Leermasse 59 000 kg, Startmasse 100 000 kg, mit Überlast 120 000 kg, Treibstoff 62 000 l.
Höchstgeschwindigkeit 880 km/h, Landegeschwindigkeit 210 km/h, Dienstgipfelhöhe 10 000 m, max. Steigleistung 12 m/s, Startrollstrecke 1200 m, Überführungsreichweite 9200 km, Reichweite mit 25 000 kg Nutzmasse 6000 km, Treibstoffverbrauch 5200 l/h.

AIRTECH CN-235M   International

Nach dem weltweiten Erfolg mit dem Mehrzweckflugzeug *Aviocar*, entwickelte die spanische Flugzeugfirma CASA das eheblich vergrößerte Muster *CN-235*. Die *CN-235* hat die doppelte Transportkapazität der Aviocar und sie wurde zusätzlich mit einer druckbelüfteten Kabine ausgestattet. Entwickelt wurde die *CN-235* von der Joint-Venture-Firma *Airtech*, an der zu je 50% CASA sowie IPTN aus Indonesien beteiligt ist. Das Muster begann im November 1983 mit der Flugerprobung und im Dezember 1986 erhielt die Luftwaffe von Saudi Arabien als Erstkunde die Militärvariante *CN-235M*.
Die Serienproduktion sowie das Marketing des Musters werden von beiden Partnerfimen getrennt vorgenommen. Während die zivile Variante der *CN-235* nur einen begrenzten Erfolg verbuchen konnte, entwickelte sich die Militärvariante *CN-235M* zu einem Verkaufserfolg, rund 200 Bestellungen bis zum Jahre 2000. In der Türkei wird die Firma Tusas 60 *CN-235M* in Lizenz für die einheimische Luftwaffe endmontieren.
Gegenwärtig stehen bereits etwa 150 *CN-235M* in 20 Ländern im Einsatz. Die *CN-235* hat das typische Layout eines Militärtransporters, die Be- und Entladung erfolgt über das klappbare untertere Rumpfheck. Die Kabine ist 2,7 m breit, 1,9 m hoch und 9,7 m lang, sie bietet Platz für 48 ausgerüstete Soldaten, oder als Sanitätsflugzeug für 21 liegende Verwundete sowie vier Betreuer. Bei einer max. Nutzmasse von 6000 kg beträgt die Reichweite etwa 2000 km.
Neben der Rolle als Transportflugzeug wird die *CN-235M* auch für zahlreiche andere Missionen verwendet, darunter als Überwachnugsflugzeug über See (*CN-235MP Persuader*). Die aktuellste Variante ist gegenwärtig die *CN-235M-300*, sie hat gegenüber den Vorgängervarianten stärkere Motoren und eine aufgewertete Avionik. Dank ihrer mittleren Größe ist die *CN-235M* in erster Linie für die Länder der Dritten Welt interessant.

Kategorie: Transportflugzeug für mittlere Strecken, Crew 2.
Bewaffnung: keine
Nutzmasse: 48 Soldaten oder 21 Verwundete oder max. 6000 kg Fracht.
Antrieb: Zwei Propellerturbinen General Electric CT7-9C3 mit je 1396 kW Startleistung.
Hersteller: Airtech, Casa aus Spanien und IPTN aus Indonesien.
Erstflug: 11.11.1983 / **Preis** ~ 19 Mio. US-$ / **Prod. Maschinen** 150
Photo: (CASA): CN-235M der Luftwaffe Saudi Arabiens.

Daten der CN-235M-300
Spannweite 25,81 m, Länge 21,40 m, Höhe 8,17 m, Flügelfläche 59,10m². Leermasse 8800kg, Startmasse 15 800 kg, mit Überlast 16 500 kg, Treibstoff 5265 l.
Höchstgeschwindigkeit 455 km/h, Landegeschwindigkeit 165 km/h, Dienstgipfelhöhe 7600 m, max. Steigleistung 10 m/s, Startrollstrecke 650 m, Überführungsreichweite 4000 km, Reichweite mit 5000 kg Nutzmasse 3000 km, Treibstoffverbrauch 500 l/h.

ALENIA G.222 / C-27J SPARTAN   Italien

Mitte der 60er Jahre entwickelte die Luftfahrtabteilung von Fiat in Turin unter der Projektbezeichnung *G.222* einen mittelschweren Militärtransporter mit etwa 25 t Startmasse sowie max. 9 t Nutzmasse. Bei dem Entwurf legte man besonderen Wert auf gute Start- und Landeeigenschaften (STOL) auf kurzen sowie unvorbereiteten Pisten. Der Prototyp der *G.222* begann im Juli 1970 mit der Flugerprobung und ab dem Frühjahr 1976 erwarb die italienische Luftwaffe als Erstabnehmer insgesamt 62 Einheiten. Als zweiter Großkunde erwarb die Luftwaffe von Libyen 20 *G.222*, die Anstelle des ursprünglichen amerikanischen Antriebs mit britischen Propellerturbinen der Marke Rolls-Royce ausgestattet sind, weil man das US-Embargo gegen Libyen umgehen mußte. Weitere Abnehmer des Musters wurden die Streitkräfte von Argentinien (3), Dubai (1), Nigeria (5), Somalia (4), Thailand (6) und Venezuela (8). Zwischen 1991 bis 1992 erwarb die US Air Force zehn Maschinen unter der Typenbezeichnung *C-27A Spartan* für den Einsatz auf primiten Feldflugplätzen in Mittelamerika. Die *G.222* hat mit 9 t Nutzmasse etwa 1250 km Reichweite.

Unter der Projektbezeichnung *C-27J Spartan* entwickelt seit Mitte der 90er Jahre Alenia in Kooperation mit dem US-Konzern Lockheed Martin eine erheblich aufgewertete Variante auf der Basis der urprünglichen *G.222*. Für die etwa 750 Flugstunden dauernden Flugtests werden zwei *G.222* auf den Standard der *C-27J* aufgerüstet und ferner kommt eine fabrikneue Maschine dazu. Die Flugtests begannen im Herbst 1999 und bis 2001 will man die Musterzulassung erzielen. Die *C-27J* hat als Antrieb zwei Propellerturbinen der Marke Allison AE2100D mit geräuscharmen Sechsblatt-Luftschrauben, eine up-to-date Cockpit-Technologie mit Bildschirmanzeigen und ferner moderne Baustoffe zur Gewichtseinsparung. Die Luftwaffe von Italien erhält zwischen 2001 bis 2004 insgesamt 12 *C-27J* als Ersatz für die älteren Maschinen der *G.222*.

Kategorie:	STOL-Mehrzwecktransportflugzeug, Crew 3.
Bewaffnung:	keine
Nutzmasse:	50 Soldaten oder 36 Krankentragen oder max. 10 t Fracht.
Antrieb:	Zwei Propellerturbinen Allison/Rolls-Royce AE2100D2 mit je 3134 kW Startleistung.
Hersteller:	Alenia, Italien und Lockheed Martin, USA.
Erstflug:	25.09.1999 / **Preis** ca. 22 Mio. US-$ / **Prod. Maschinen:** 120
Photo:	(Alenia): Eine G.222 der italienischen Luftwaffe.

Daten der C-27J

Spannweite 28,70 m, Länge 22,70 m, Höhe 9,85 m, Flügelfäche 82,00 m². Leermasse 16 000 kg, Startmasse 28 000 kg, mit Überlast 30 000 kg, Treibstoff 11 750 l.

Höchstgeschwindigkeit 580 km/h, Landegeschwindigkeit 160 km/h, Dienstgipfelhöhe 9150 m, max. Steigleistung 16,5 m/s, Startrollstrecke 750 m, Überführungsreichweite 4700 km, Reichweite mit 10 000 kg Nutzmasse 2100 km, Treibstoffverbrauch 1000 l/h.

Das Waffensystem *AMX* ist primär für den Einsatz in der Erdkampfrolle ausgelegt, aber es kann auch andere Einsatzmissionen durchführen. Die Entwicklung der *AMX* begann Ende der 70er Jahre, als die italienische Luftwaffe ein Nachfolgemuster für das Erdkampfflugzeug *Fiat G-91* benötigte. Die brasilianische Firma Embraer schloß sich 1981 dem Projekt an. Für die Entwicklung und den Bau der *AMX* entstand das internationale Konsortium *AMX* International an dem die italienischen Firmen Alenia sowie Aermacchi mit 48% bzw. 22% beteiligt sind, während Embraer mit 30% partizipiert. Die Endmontage der *AMX* erfolgt in beiden Partnerländern für die jeweiligen Luftstreitkräfte. Im Mai 1984 begann der italienische Prototyp der *AMX* mit seiner Flugerprobung, gefolgt vom brasianischen Prototypen im Oktober 1985. Die italienische Luftwaffe erhielt die ersten *AMX* ab 1989 und ein Jahr später lieferte Embraer die ersten Exemplare an die brasilianische Luftwaffe. Von der italienischen Luftwaffe wurden ursprünglich 187 *AMX* bestellt, von denen aber bis 2000 wegen Budgetkürzungen erst 136 ausgeliefert sind, 110 *AMX* und 26 *AMX-T*. Bei der brasilianischen Lufwaffe trägt die *AMX* die Typenbezeichnung *A-1* und alle 56 geplanten Maschinen sind ausgeliefert, 45 *AMX* und 11 *AMX-T*. Die Variante *AMX-T* hat zwei Tandemsitze und sie ist für Schulungszwecke ausgelegt. Die aktuell angebobotene Variante *AMX-ATA — Advanced Trainer Attack,* ist eine Mehrzweckvariante für die Fortgeschnittenschulung, den Bodenkampf und für die elektronische Kriegsführung. Bei dieser Variante plant man auch den Einbau des fortschrittlichen Mantelstromtriebwerks *EJ200* aus der Eurofighter-Produktion, denn der gegenwärtig verwendete Antrieb der *AMX* mit dem Rolls-Royce-Spey-Mantelstromtriebwerk besitzt die längst veraltete Technologie aus den 60er Jahren. Dieser Nachteil dürfte der Hauptgrund sein, daß die *AMX* mit Ausnahme von Venezuela (24 Maschinen), noch keine weiteren Exportkunden fand.

Kategorie:	Erdkampfflugzeug, Crew 1 bis 2.
Bewaffnung:	Eine bis zwei Kanonen Kal. 20 mm oder 30 mm und diverse Waffen bis 3800 kg an 7 externen Stationen.
Antrieb:	Ein Mantelstromtriebwerk Rolls-Royce Spey Mk. 807 mit 49,1 kN Standschub, kein Nachbrenner.
Hersteller:	AMX International, Brasilien und Italien.
Erstflug:	15.05.1984 / **Preis** ~ 17 Mio. US-$ / **Prod. Maschinen** 200
Photo:	(AMX): eine AMX und eine AMX-T der italien. Luftwaffe.

Daten der AMX

Spannweite 9,97 m, Länge 13,25 m, Höhe 4,55 m, Flügelfläche 21,00 m^2. Leermasse 6750 kg, Startmasse 9900 kg, mit Überlast 13 000 kg, Treibstoff intern 3560 l, extern 3000 l. Höchstgeschwindigkeit 960 km/h (Mach 0,86), Landegeschwind 210 km/h, Dienstgipfelhöhe 13 000 m, max. Steigleistung 60 m/s, Startrollstrecke 200 m, Überführungsreichweite 3150 km, Einsatzradius mit 2500 kg Waffen 600 km, Treibstoffverbrauch 1400 l/h.

Das Konstruktionsbüro Antonow in Kiew, Ukraine, entwarf in der ehemaligen Sowjetunion zahlreiche erfolgreiche Transportflugzeuge für die Aeroflot und für die Luftstreitkräfte des ehemaligen Warschauer Paktes. Zu den erfolgreichsten Mustern in dieser Kategorie zählt die Baureihe *An-26,* von der weit über 1000 Exemplare ausgeliefert wurden. Ferner ist diese Baureihe mit etwa 500 exportierten Einheiten das erfolgreichste Muster aus der ehemaligen Sowjetunion. Die Baureihe *An-26* entstand 1969 als Weiterentwicklung aus dem Passagierflugzeug *An-24* durch eine erhebliche Verstärkung der Zellenstruktur, einem geänderten Rumpfheck das als klappbare kombinierte Ladeluke/Laderampe ausgelegt ist und ferner mit einer für den Frachttransport optimierten Kabine. Die sowjetische Luftwaffe erhielt ab 1972 etwa 600 Einheiten von der *An-26* und davon dürften gegenwärtig noch mindestens 500 Einheiten im Dienst stehen. Die *An-26* hat eine max. Startmasse von 26 000 kg, die max. Nutzmasse beträgt 6000 kg und der Antrieb besteht aus zwei Propellerturbinen Iwtschenko AI-24T mit je 2100 kW Startleistung. Als Starthilfe befindet sich in der rechten Triebwerkgondel ein Hilfsstrahltriebwerk mit 7,8 kN Standschub. Die Kabine ist 2,8 m breit, 1,9 m hoch und 9,7 m lang, sie bietet Platz für 44 ausgerüstete Soldaten oder 24 liegende Patienten und der verstärkte Kabinenboden erlaubt den Transport von Fahrzeugen oder anderen schweren Einzelgütern.

1981 entstand auf der Basis der *An-26* die *An-32,* die sich von der Vorgängervariante hauptsächlich durch etwa 45% mehr Triebwerkleistung unterscheidet, sie ist äußerlich an den mächtigen Triebwerkgondeln erkennbar. Die *An-32* kam nicht bei den Streitkräften der GUS zum Einsatz, aber sie wurde erfolgreich exportiert, darunter 118 Maschinen an die Luftwaffe Indiens und 15 Maschinen an die Luftwaffe von Peru. Die *An-32* ist für Einsätze in hochgelegen Gebieten optimiert und sie steht weiterhin für militärische und zivile Kunden im Angebot.

Kategorie:	Transportflugzeug für Kurz und Mittelstrecken, Crew 5.
Bewaffnung:	keine
Nutzmasse:	44 Soldaten oder 24 Verwundete oder bis zu 6500 kg Fracht
Antrieb:	(An-32): Zwei Propellerturbinen Iwtschenko AI-20DM mit je 3806 kW Startleistung.
Hersteller:	O. K. Antonow, Kiew, Ukraine.
Erstflug:	1969 / **Preis** ~ 11 Mio. US-$ / **Prod. Maschinen** 1200
Photo:	(Sebastian Zacharias): An-32 der indischen Luftwaffe

Daten der An-32

Spannweite 29,20 m, Länge 23,80 m, Höhe 8,58 m, Flügelfläche 75,00 m². Leermasse 16 500 kg, Startmasse 26 000 kg, mit Überlast 27 500 kg, Treibstoff 6875 l.
Höchstgeschwindigkeit 585 km/h, Landegeschwindigkeit 190 km/h, Dienstgipfelhöhe 9500 m, max. Steigleistung 13 m/s, Startrollstrecke 750 m, max. Reichweite 2200 km, Reichweite mit 5000 kg Nutzmasse 1750 km, Treibstoffverbrauch 1500 l/h.

ANTONOW AN-124 RUSLAN   Ukraine

Mit einer Startmasse von 405 t sowie 150 t Nutzmasse zählt das Langstreckentransportflugzeug Antonow *An-124* zu den größten Flugzeugen der Welt. Während das amerikanische Gegenmuster Lockheed *C-5 Galaxy* schon lange nicht mehr produziert wird, steht die *An-124* weiter in der Produktion. Die *An-124* entstand Ende der 70er Jahre nach Vorgaben der sowjetischen Luftwaffe für einen strategischen Transporter mit 150 t Nutzmasse bei 4500 km Reichweite. Zu den Vorgaben zählte auch die Fähigkeit der *An-124* auf kleineren Flugplätzen mit geringer Bodenbelastung zu operieren, aus diesem Grund hat das Muster ein Fahrwerk mit insgesamt 24 Rädern. Das Muster hat das konventionelle Layout aller Militärtransporter, das heißt eine Hochdeckerbauweise mit negativer Flügelstellung, sehr niedriges Fahrwerk und ein hochgezogenes Rumpfheck.

Die Steuererung der *An-124* erfolgt mittels der Fly-by-Wire-Technologie. Der mächtige Rumpf ist nur im oberen Teil druckbelüftet und er bietet dort 88 Personen Platz, der Laderaum ist nicht druckbelüftet. Die Be- und Entladung erfolgt über die großen Hecktore sowie über den hochklappbaren Rumpfbug. Bei der Beladung über den Rumpfbug kann das Bugfahrwerk abgesekt werden, das begünstigt hauptsächlich die Beladung mit Fahrzeugen. Der Laderaum ist 36 m lang, 6,4 m breit und 4,4 m hoch, er besitzt einen fahrbaren Kran im Deckenbereich und der Kabinenboden ist so verstärkt, daß auch schwere Fahrzeuge oder überschwere Frachtteile transportiert werden können. Die *An-124* kam Anfang 1987 bei der sowjetischen Luftwaffe zum Einsatz und es dürften dort etwa 25 Maschinen im Einsatz stehen, während etwa 25 weitere Einheiten bei zivilen Frachtgesellschaften verwendet werden. Bei Antonow erwägt man die Umrüstung des Musters auf westliche Triebwerke um den Faktor Wirtschaftlichkeit zu verbessern. Mit dieser Maßnahme würde man auch die Export-Chanzen des Musters erheblich verbessern.

Kategorie:	Militärtransporter für Langstrecken, Crew 5 bis 7.
Bewaffnung:	keine
Nutzmasse:	88 Soldaten oder max. 150 000 kg Fracht.
Antrieb:	Vier Mantelstromtriebwerke Progress D-18T mit je 232 kN Standschub.
Hersteller:	Antonow Technical Complex, Werk Uljanowsk, Russland.
Erstflug:	25.12.1982 / **Preis** ~ 100 Mio. US-$ / **Prod. Maschinen** ~ 50
Photo:	(Piotr Butowski): An-124 mit einer Suchoi Su-27.

Daten der An-124

Spannweite 73,30 m, Länge 69,10 m, Höhe 20,78 m, Flügelfl. 630,00 m².
Leermasse 185 000 kg, Startmasse 398 000 kg, mit Überlast 405 000 kg, Treibstoff 248 000 l.
Höchstgeschwindigkeit 900 km/h, Landegeschwindigkeit 200 km/h, Dienstgipfelhöhe 10 500 m, max. Steigleistung 12 m/s, Startrollstrecke 1900 m, Überführungsreichweite 12 800 km, Reichweite mit 100 000 kg Nutzmasse 8500 km, Treibstoffverbrauch 14 500 l/h.

Mit der *An-70* schuf das Konstruktionsbüro Antonow einen modernen Militärtransporter mit einem revolutionären Antrieb mittels sogenannter Propfans. Das Projekt *An-70* wurde 1988 erstmals in den sowjetischen Medien erwäht, als neuer Mittel- und Langstreckenmilitärtransporter mit knapp 50 t Nutzmasse. Der Zerfall der Sowjetunion brachte auch das An-70-Programm in große Schwierigkeiten, denn es wurde kaum noch von staatlicher Stelle finanziell unterstützt. Mit etwa dreijähriger Verspätung unternahm der erste Prototyp im Dezember 1994 seinen Erstflug. Nur zwei Monate später ging dieser Prototyp nach einer Kollision mit einem Begleitflugzeug durch Absturz verloren, dabei wurde auch die siebenköpfige Testcrew getötet.

Das Flugtestprogramm der *An-70* konnte erst im April 1997 mit dem zweiten Prototypen fortgesetzt werden. Wegen der gegenwärtigen ernsten wirtschaftlichen Situation in der GUS ist die Zukunft der *An-70* ungewiß. Die *An-70* wird unter der Projektbezeichnung *An-7X* gegenwärtig auch als zukünftiger Militärtransporter für die führenden Luftstreitkräfte in Europa vorgeschlagen, doch dieses Projekt hat wenig Erfolgsaussichten wegen der unsicheren Situation in der GUS.

Die *An-70* ist in jeder Beziehung ein modernes Flugzeug, ausgestattet mit einer Fly-by-wire-Steuerung, einer fortschrittlichen Glas-Cockpit mit Bildschirmanzeigen für eine Zweimann - Crew und einem fortschrittlichen Antrieb durch vier Propfans mit je 10 300 kW Startleistung. Ein besonderes Merkmal sind die gegenläufigen Luftschrauben mit insgesamt 14 sichelförmigen Blättern je Motor. Das Fahrwerk hat insgesamt 14 Räder für den Einsatz auf unvorbereiteten Pisten. Der Laderaum ist 4,0 m breit, 4,1 m hoch und 19,1 m lang, sein Gesamtvolumen beträgt 425 m³. Die Be- und Entladung erfolgt über die mehrteilige Heckklappe und das Hauptfahrwerk ist absenkbar, um die Laderampe in Bodennähe zu senken. An den Kabinenwänden sind Klappsitze für 110 Personen eingebaut.

Kategorie:	Militärtransporter für Mittelstrecken, Crew 3-5.
Bewaffnung:	keine
Nutzmasse:	47 000 kg Fracht oder 110 Soldaten.
Antrieb:	Vier Propfans Progress D-27 mit je 10 300 kW Startleistung und 5000 kW Reiseleistung.
Hersteller:	Antonow Technical Complex, Werk Kiew, Ukraine.
Erstflug:	16.12.1994 / **Preis** ~ 55 Mio. US-$ / **Prod. Maschinen** 2
Photo:	(AGE) der zweite Prototyp der An-70 auf der Maks 1997.

Daten der An-70

Spannweite 44,05 m, Länge 40,75 m, Höhe 16,40 m, Flügelfläche 200 m². Leermasse 74 000 kg, Startmasse 127 000 kg, mit Überlast 138 000 kg, Treibstoff 48 000 l.
Höchstgeschwindigkeit 750 km/h, Landegeschwindigkeit 190 km/h, Dienstgipfelhöhe 11 500 m, max. Steigleistung 15 m/s, Startrollstrecke 1500 m, Überführungsreichweite 7500 km, Reichweite mit 30 000 kg Nutzmasse 4000 km, Treibstoffverbrauch 5000 l/h.

BELL UH-1 IROQUOIS   USA

Der *Bell UH-1* ging im Sommer 1955 als Siegermuster aus dem damaligen Wettbewerb für einen Mehrzweckhubschrauber für die US Army hervor und wurde später mit über 10 000 weltweit verkauften Einheiten ein Bestseller. Das Basismuster *UH-1A*, UH = Utility Helicopter, (Mehrzweckhubschrauber), kam im Sommer 1959 erstmals in den Truppendienst und es erhielt von den Soldaten den Spitznamen *„Huey"*, der offizielle Typennamen lautet *„Iroquois"*. Neben zwei Piloten bietet der *UH-1A* Platz für sechs Soldaten oder 1000 kg Fracht, sein Antrieb besteht aus einer Turbine Lycoming T53-L1 mit 522 kW Startleistung. Neben Bell wurde das Muster auch in Italien bei Agusta und in Japan bei Fuji in Lizenz hergestellt. 1960 kam das vergrößerte Modell *UH-1B* auf den Markt, es hat eine verlängerte Kabine für acht Insassen und mehr Triebwerkleistung. Im August 1963 kam die weiter vergrößerte Variante *UH-1D* auf den Markt, sie hat einen weiter verlängerten Rumpf für 12 bis 14 Insassen oder 1814 kg Fracht. Von dieser Variante kaufte die US Army etwa 2000 Einheiten und sie wurde intensiv im Vietnam-Krieg eingesezt. Speziell für die US Air Force entstanden die Varianten *UH-1F, UH-1H* und *UH-1N*. Der UH-1N hat eine Startmasse von 5080 kg, 1814 kg Nutzmasse und eine Wellenturbine mit 1342 kW Startleistung, er wurde hauptsächlich für Rettungseinsätze verwendet. Für das US Marine Corps und die US Navy wurden insgesamt etwa 500 Einheiten in den Varianten *HH-1K, HH-1L* und *HH-1N* ausgeliefert. Ein Teil dieser Varianten hatte auf beiden Seiten des Rumpfes im Türbereich eine Vorrichtung zur Befestigung von MGs bis zum Kaliber 7,62 mm und als Option auch Halterungen für Lenkwaffen an den Rumpfseiten.

Die am meißten gebaute Variante ist der *UH-1H,* er wurde in etwa 5500 Einheiten gebaut, bevor man die Produktion 1985 einstellte. Heute stehen von der UH-1-Baureihe noch mehrere tausend Exemplare weltweit im Einsatz und ein Teil davon bekam eine technologische Aufwertung.

Kategorie:	Mehrzweckhubschrauber, Crew 2.
Bewaffnung:	Als Option zwei MGs Kaliber 7,62 mm oder Lenkwaffen.
Nutzmasse:	1814 kg Fracht, oder 12 bis 14 Soldaten.
Antrieb:	(UH-1H): Eine Turbine Lycoming T53-L-13B mit 1044 kW Startleistung.
Hersteller:	Bell Helicopters, Werk Fort Worth, Texas, USA.
Erstflug:	22.10.1956 / **Preis** ~ 2,5 Mio. US-$ / **Prod. Masch**. 10 500.
Photo:	(Bundesheer): Zwei UH-1 des österreichischen Heeres.

Daten des UH-1H

Durchmesser des Hauptrotors 13,42 m, des Heckrototors 2,59 m, Rumpflänge 12,80 m, Höhe 4,53 m. Leermasse 2085 kg, Startmasse 4 309 kg, Treibstoff 925 l.

Höchstgeschwindigkeit 220 km/h, Dienstgipfelhöhe 4000 m, Schwebehöhe ohne Bodeneffekt 1700 m, mit Bodeneffekt 3600 m, Steigleistung 6 m/s, Überführungsreichweite 750 km, Reichweite mit 1500 kg Nutzmasse 250 km, Treibstoffverbrauch 270 l/h.

BELL OH-58 KIOWA   USA

Der leichte Mehrzweckhubschrauber *Bell 206* ist weltweit unter dem Typennamen *JetRanger* bekannt, er brachte es auf über 5000 verkaufte Einheiten auf dem zivilen Markt. Etwa weitere 2500 Einheiten verkaufte man für den militärischen Einsatz. Unter der Typenbezeichnung *OH-58 Kiowa* erwarb die US Army zwischen 1969 bis 1975 insgesamt 2200 Einheiten dieses Musters zum Einsatz als Verbindungs- und Beobachtungshubschrauber. Ein Teil dieser Hubschrauber ist entweder mit Raketenwerfern oder mit MG-Behältern bewaffnet oder aus einem Mix von beiden Waffenarten. Die US Navy erwarb 140 Einheiten von der Variante *TH-57 Sea Ranger* für Schulungszwecke. Die erwähnten Varianten haben als Antrieb eine Turbine mit 317 bis 365 kW Startleistung, etwa 500 kg Nutzmasse und Platz für vier bis sechs Insassen. 1983 begann die Flugerprobung mit der verstärkten Ausführung *Bell 406 Scout*, sie hat eine stärkere Turbine mit 503 kW Startleistung und einen Vierblatt-Rotor.

Diese Variante ging nicht in die Serienfertigung, sie diente aber als Prototyp für die Variante *OH-58D*. Das primäre Einsatzgebiet des *OH-58D* ist die Kampffeld-Beobachtung, er ist äußerlich von den anderen Varianten an der kugelförmigen Beobachtungssonde über dem Rotor erkennbar. Die US Army ließ 578 ältere *OH-58A/B* auf den Standard des *OH-58D* nachrüsten und weitere 275 Einheiten des *OH-58A* werden auf den verbesserten Standard *OH-58C* aufgewertet. 1993 gewann Bell den Wettbewerb der US Army für den New Training Helicopter – *NTH* über insgesamt 157 Maschinen.

Der *NTH* basiert auf dem zivilen JetRanger III, er hat eine fortschrittliche Avionik, eine Doppelsteuerung und eine stärkere Wellenturbine mit 313 kW Startleistung, die Typenbezeichnung lautet *Bell TH-67 Creek*. In Europa wird der *OH-58* von den Streitkräften Österreichs und Spaniens eingesetzt. Die Firma Bell Helicopters baute seit etwa 50 Jahren über 33 000 Hubschrauber und sie ist heute Bestandteil des Konzerns Textron Inc.

Kategorie:	Leichter Mehrzweckhubschrauber, Crew 1.
Bewaffnung:	Bei Bedarf MG- oder Raketenbehälter seitlich des Rumpfes.
Nutzmasse:	500 kg in der Kabine oder 998 kg am Lasthaken.
Antrieb:	(OH-58D): Eine Turbine Allison 250-C30X mit 410 kW Startleistung.
Hersteller:	Bell Helicopters/Textron, Werk Fort Worth, Texas, USA.
Erstflug:	10.01.1999 / **Preis** 1,8 Mio. US-$ / **Prod. Maschinen** 2800.
Photo:	(BELL) Ein OH-58D mit der kugelförm. Beobachtungssonde.

Daten des OH-58D

Durchmesser des Hauptrotors 10,77 m, des Heckrotors 1,57 m, Rumpflänge 9,85 m, Höhe 2,91 m. Leermasse 1497 kg, Startmasse 2495 kg, Treibstoff 424 l.

Höchstgeschwindigkeit 241 km/h, Dienstgipfelhöhe 5800 m, Schwebehöhe ohne Bodeneffekt 2100 m, mit Bodeneffekt 3048 m, Steigleistung 6,2 m/s, Überführungsreichweite 415 km, Reichweite mit 500 kg Nutzmasse 380 km, Treibstoffverbrauch 230 l/h.

BELL AH-1W SUPERCOBRA   USA

Der Bell *AH-1* (AH = Attack Helicopter), ist ein schwerbewaffneter Kampf-hubschrauber und er wurde aus dem erfolgreichen Muster *UH-1* abgeleitet. Er zeichnet sich durch eine hohe Wendigkeit und Geschwindigkeit aus. Die Basisversion *AH-1G Huey Cobra* wurde im August 1967 bei der US Army in den Truppendienst gestellt und intensiv bei den Kampfhandlungen in Vietnam eingesetzt. Der Antrieb der *AH-1G* besteht aus einer Wellenturbine mit 809 kW Startleistung, sie ist etwa 350 km/h schnell und es wurden 1075 Maschinen ausgeliefert.

Nach den Kampferfahrungen mit der Variante *AH-1G* in Vietnam, entstan-den eine ganze Reihe von weiteren Varianten mit mehrTriebwerkleistung und einer stärkeren Bewaffnung. Bei der Variante *AH-1J SeaCobra* ver-wendet man als Antrieb ein Turbinenpaar mit 1342 kW Startleistung, es wurden 70 Einheiten für die US Marines gebaut. Besonders erfolgreich war die Variante *AH-1F* für die   US Army, sie wurde in 550 Einheiten gebaut und im März 1999 ausgemustert.

Die rumänische Armee läßt im inländischen Werk IAR Brasow 96 *AH-1F* in Lizenz herstellen, das Projekt soll 2001 abgeschlossen sein. Eine wei-tere wichtige Variante ist der *AH-1W SuperCobra,* sein Antrieb besteht aus einem Turbinenpaar mit 1515 kW Startleistung, die Startmasse stieg auf 6690 kg und er hat als Bordwaffe eine richtbare, dreiläufige Kanone vom Kaliber 20 mm mit 750 Schuß Vorrat. Von dieser Variante haben die US Marines bis 1999 insgesamt 204 Einheiten erhalten. Weitere Betreiber des *AH-1W* sind die Armeen von Japan, Taiwan und der Türkei.

Für das Jahr 2004 ist die Einführung der Variante *AH-1W (4BW)* geplant, sie erhält eine vierblättrigen Hauptrotor, eine fortschrittlichere Avionik und Bildschirmanzeigen in der Cockpit. Die US Marines planen einen Teil ihrer *AH-1W* auf den Standard des *AH-1W* (4BW) nachzurüsten, denn für neue Maschinen hat der Kongress noch keine Mittel bewilligt.

Kategorie:	Kampfhubschrauber, Crew 2.
Bewaffnung:	Eine Bordkanone Kal. 20 mm und an dem Waffenträger sechs Aufhängepunkte für max. 1119 kg diverse Waffen.
Antrieb:	(AH-1W/4BW): Ein Turbinenset aus zwei T700-GE-401 Tur-binen mit zusammen 1515 kW Startleistung.
Hersteller:	Bell Helicopters Textron Inc, Fort Worth, Texas, USA.
Erstflug:	15.10.1966 / **Preis** ~ 8 Mio. US-$ / **Prod. Masch**. ca. 2000
Photo:	(Bell): AH-1W SuperCobra der US Marines

Daten des AH-1W

Duchmesser des Hauptrotors 14,63 m, des Heckrotors 2,97 m, Rumpflänge 13,87 m, Höhe 4,32 m. Leermasse 4670 kg, Startmasse 6690 kg, Treibstoff intern 1128 l, extern 1340 l.

Höchstgeschwindigkeit 315 km/h, Dienstgipfelhöhe 5360 m, Schwebehöhe ohne Bodeneffekt 914 m, mit Bodeneffekt 4265 m, Steigleistung 6,5 m/s, Überführungsreichweite 1250 km, Einsatzradius mit 1000 kg Waffen 200 km, Treibstoffverbrauch 450 l/h.

BELL BOEING V-22 OSPREY   USA

Das Mehrzweckflugzeug *V-22 Osprey* beinhaltet die revolutionäre Schwenk-Rotor-Technologie, mit deren Hilfe das Muster wie ein Hubschrauber senkrecht starten und landen kann, und im Reiseflug die Flugleistungen eines konventionellen Flächenflugzeuges erreicht. Die Osprey ist auch das erste Muster dieser Art, das die Serienproduktion erreichte.

Im Jahre 1973 vergab die NASA zusammen mit der US Army an Bell den Auftrag zur Entwicklung von zwei Versuchsträgern zur Erforschung der Schwenk-Rotor-Technologie. Die beiden Versuchsträger *XV-15 Tilt Rotor* nahmen im Mai 1977 die Flugtests auf, die etwa zehn Jahre dauerten.

Im Juni 1982 kam es zu einem Joint-Venture-Abkommen zwischen Bell und Boeing über die gemeinsame Entwicklung und den Bau der Serienmaschinen *V-22 Osprey*. Boeing ist verantwortlich für den Bau des Rumpfes sowie der Integration aller Systeme, während Bell alle anderen Baugruppen übernimmt und ferner die Endmontage im Werk Amarillo, Texas sowie für das Einfliegen verantwortlich zeichnet. Im März 1989 begannen die Flugtests mit dem ersten Prototypen *V-22 Osprey*, im Februar 1997 flog erstmals das erste Vorserienflugzeug. 1999 standen vier Serienflugzeuge in der Truppenerprobung, die 2001 abgeschloßen sein soll.

Die gegenwärtigen Pläne lauten für die Lieferung von 50 *CV-22B* ab 2002 an die US Air Force als Flugzeug für spezielle Missionen, ferner 48 *HV-22B* an die US Navy für den Retungsdienst, die U-Boot-Bekämpfung und Transportaufgaben sowie bis zu 425 *MV-22B* an das US Marine Corps für Transport- und Kampfeinsätze. Die Osprey hat eine Anlage zur Betankung im Flug und sie ist mit einem Fly-by-wire-System ausgerüstet. Die max. Startmasse für den Senkrechtstart beträgt 21,5 t, für den konventionellen Start (60° Rotorstellung) 27,5 t. Das ehrgeizige Projekt hat bis zur Serienreife etwa fünf Milliarden US-$ gekostet, etwa eine weitere Milliarde US-$ ist für die Einsatzreife notwendig.

Kategorie: Mehrzweckflugzeug mit Schwenk-Rotor-Technol, Crew 2.
Bewaffnung: Noch nicht festgelegt.
Nutzmasse: 4536 kg oder 24 Soldaten oder 12 liegende Verwundete.
Antrieb: Zwei Propellerturbinen Allison/Rolls-Royce AE1107C mit je 4586 kW Startleistung.
Hersteller: Bell Textron und Boeing, Werk Amarillo, Texas, USA.
Erstflug: 19.03.1989 / **Preis** ~ 45 Mio. US-$ / **Prod. Maschinen** 9
Photo: (Bell): Eine MV-22 in den Farben der US Marines.

Daten der V-22 Osprey

Rotordurchmesser 11,59 m, Rumpflänge 17,48 m, Höhe 5,38 m, Flügelspannweite 13,25 m, Flügelfläche 19,50 m².

Leermasse 15 035 kg, Startmasse 24 948 kg, mit Überlast 27 443 kg, Treibstoff je nach Version/Einsatzmission 4649 bis 9221 l.

Höchstgeschwindigkeit 510 km/h, Dientsgipfelhöhe 7925 m, max. Steigleistung 11,7 m/s, Überführungsreichweite 3900 km, Reichweite mit 3000 kg Nutzmasse 2500 km, Treibstoffverbrauch 1200 l/h.

BOEING B-52H STRATOFORTRESS   USA

Der strategische Langstreckenbomber *Boeing B-52H* zählt zu den größten Kampfflugzeugen der Welt. Gleichzeitig ist dieses Waffensystem heute eines der ältesten, denn es wurde bereits 1955 in den Dienst gestellt.
Das Waffensystem *B-52* entstand Anfang der 50er Jahre als dritte atomare Abschreckung der USA neben den land- und U-Bootgestützen Lenkwaffen und es ist für den globalen Einsatz ausgelegt. Um diesen Einsatzzweck zu erreichen, entstand für die damalige Zeit ein mächtiges Flugzeug mit 56,4 m Flügelspannweite, ausgerüstetet mit acht Strahltriebwerken und 220 t max. Startmasse. Die beiden Prototypen *XB-52* begannen im April 1952 mit den Flugtests und 1955 stand die Basisversion *B-52B* einsatzbereit. Bis zum Ende der Produktion im Juni 1962, lieferte Boeing insgesamt 742 B-52 in den Varianten B,C,D,E,F,G und H aus. Nach der Unterzeichnung des sogenannten SALT-Abkommens zwischen der GUS und den USA, wurden bis auf 130 Flugzeuge alle B-52 verschrottet. Die 130 verbliebenen Maschinen bestehen hauptsächlich aus der Endvariante *B-52H* und einigen *B-52G*, wobei in Friedenszeiten nur noch die H-Variante geflogen wird. Von der Variante *B-52H* wurden 102 Maschinen produziert, von denen gegenwärtig noch 94 übrig sind, sie unterscheidet sich von den anderen Varianten durch die Mantelstromtriebwerke und den ferngesteuerten Abwehrturm am Rumpfheck mit zwei 20 mm Kanonen. Für große Flächenbombardements kann die *B-52H* mit 30 000 kg Bomben ausgerüstet werden, 84 Stück je 227 kg intern plus 24 Stück je 340 kg extern unter dem Flügel. Für die atomare Kriegsführung können 20 Lenkwaffen AGM-86B mit je 200 MT Sprengkraft sowie 3 000 km Reichweite untergebracht werden, davon 12 extern unter dem Flügel. Trotz ihres hohen Alters ist die *B-52H* mit modernster Kampfelektronik ausgestattet und sie bleibt damit ein sehr wirksames Waffensystem. Nach den gegenwärtigen Plänen soll die *B-52H* bis zum Jahre 2040 im Einsatz bleiben.

Kategorie:	Bomber für Langstrecken, Crew 4.
Bewaffnung:	Diverse Bomben oder Lenkwaffen bis 30 t Gesamtmasse, zur eigenen Verteidigung zwei Kanonen Kal. 20 mm.
Antrieb:	(B-52H): Acht Mantelstromtriebwerke Pratt & Whitney TF33-P-3 mit je 75,16 kN Standschub, keine Nachbrenner.
Hersteller:	Boeing Military Airplane Co, Werke Seattle u. Wichita, USA.
Erstflug:	15.04.1952 / **Preis** ~ 10 Mio. US-$ / **Prod. Maschinen** 744
Photo:	(USAF): B-52H

Daten der B-52H

Spannweite 56,40 m, Länge 48,08 m, Höhe 12,40 m, Flügelfl. 372,00 m². Leermasse 75 250 kg, Startmasse 221 356 kg, Treibstoff intern 184 513 l, extern 5572 l.
Höchstgeschwindigkeit 1040 km/h (Mach 0,95), Landegeschwindigkeit 250 km/h, Dienstgipfelhöhe 16 000 m, max. Steigleistung 10 m/s, Startrollstrecke 2500 m, Überführungsreichweite 16 000 km, Einsatzradius mit 20 000 kg Waffen 6000 km, Treibstoffverbrauch 11 000 l/h.

BOEING KC-135 STRATOTANKER   USA

Seit über 40 Jahren bildet die *Boeing KC-135 Stratotanker* das Rückgrad der Lufttankerflotte bei der US Air Force. Von den einst 730 gebauten Maschinen stehen heute noch 550 im Einsatz und sie werden wahrscheinlich noch mindestens 20 Jahre im Dienst bleiben. Die KC-135 entstand als Wieterentwicklung aus dem Prototypen der *Boeing 707-Dash 80*, und für ihren Einsatzzweck bekam sie unter dem Rumpfheck einen neuentworfenen Luftbetankungsstutzen. Der Unterflurbereich bekam Treibstoffzellen und insgesamt kann das Muster 108 000 l Treibstoff an Bord nehmen. Die Basisversion *KC-135A* kam im Juni 1957 auf der Castle Air Force Base erstmals zum Einsatz und bis 1965 erwarb die USAF 730 *KC-135* in verschiedenen Versionen.

Frankreich kaufte als erster Auslandskunde elf *KC-135F* für die Luftbetankung seiner ehemaligen Bomber Mirage IV. Die *KC-135F* ist vorne im Kabinenbereich mit einem großen Ladetor ausgestattet und der Kabinenbereich ist als Laderaum für 27 t Fracht oder 126 Soldaten eingerichtet. Für den Einsatz als Militärtransporter kaufte die USAF die Varianten *C-135A* und *C-135B* in 88 Exemplaren, von denen etwa 50 Maschinen später für Sondereinsätze ausgerüstet wurden. Dazu zählen auch die Aufklärungsvarianten *RC-135* oder *EC-135*, die mit einer umfangreichen Aufklärungselektronik weltweite Spionage-Missionen unternehmen.

1982 begann für die *KC-135A* ein Umrüstungsprogramm, bei dem die alten Strahltriebwerke durch Mantelstromtriebwerke der Marke *CFM56* ersetzt werden und ferner wird auch die Cockpitausrüstung aufgewertet. Die umgerüsteten Maschinen tragen die Typenbezeichnung *KC-135R* und in Planung stehen Umrüstungen für insgesamt 352 Maschinen. Auch die Luftwaffe Frankreichs läßt ihre 11 Maschinen auf den Standard *KC-135FR* nachrüsten und kauft ferner fünf zusätzliche Maschinen aus den Beständen der USAF dazu. Auch die türkische Luftwaffe kaufte ab 1997 sieben *KC-135R* aus den Beständen der USAF.

Kategorie: Strategischer Lufttanker, Crew 5.
Bewaffnung: Keine
Nutzmasse: (KC-135R): 115 000 l Kerosin.
Antrieb: (KC-135R): Vier Mantelstromtriebwerke CFM56-2 mit je
               97,85 kN Standschub.
Hersteller: Boeing Military Airplane Co, Werk Seattle, USA.
Erstflug: 31.08.1956 / **Preis** ~ 10 Mio. US-$ / **Prod. Maschinen** 745
Photo: (AGE): Eine KC-135R der US Air Force.

Daten der KC-135R

Spannweite 39,88 m, Länge 41,52 m, Höhe 12,70 m, Flügelfl. 226,05 m². Leermasse 49 500 kg, Startmasse 146 285 kg, Treibstoff 115 500 l. Höchstgeschwindigkeit 990 km/h (Mach 0,89), Landegeschwind. 260 km/h, Dienstgipfelhöhe 13 600 m, max. Steigleistung 11 m/s, Startrollstrecke 2000 m, Überführungsreichweite 14 800 km, Reichweite mit 30 t Nutzmasse-Treibstoff 7500 km, Treibstoffverbrauch 6000 l/h.

Der schwere Transporthubschrauber *Boeing CH-47 Chinook* steht seit knapp 40 Jahren in der Produktion und in dieser Zeit wurden über 1000 Einheiten von verschiedenen Varianten weltweit ausgeliefert. Ferner bauten die Firmen Agusta in Italien und Kawasaki in Japan 200 bzw. 52 Einheiten in Lizenz. Die Entwicklung des Chinooks begann im Sommer 1959 nach einer Ausschreibung der US Army für einen mittelschweren Mehrzweckhubschrauber von 12,5 t max. Startmasse. Die damalige Boeing Vertol Company entwarf auf diese Ausschreibung das Projekt *Model 417* mit zwei Tandem-Rotoren, angetrieben durch zwei Turbinen Lycoming T55 mit je 1640 kW Startleistung. Unter der Typenbezeichnung *CH-47A* übernahm die US Army ab dem Frühjahr 1963 insgesamt 354 Einheiten, max. Nutzmasse des Musters 4500 kg. Im Oktober 1966 begann die Flugerprobung mit der verstärkten Variante *CH-47B,* von der die US Army 108 Einheiten erwarb, sie hat stärkere Turbinen mit je 2125 kW Startleistung und 17 500 kg Startmasse. Im März 1968 begann die Auslieferung der weiter verstärkten Variante *CH-47C,* max. Startmasse 20 000 kg, Antrieb zweimal je 2800 kW Startleistung, davon erhielt die US Army 270 Einheiten.

Im Frühjahr 1982 kam die lange produzierte Variante *CH-47D* auf den Markt, sie hat 24,5 t max. Startmasse und zwei Turbinen mit je 3100 kW Startleistung. Die US Army ließ bis 1993 alle CH-47 der Varianten A und B auf den Standard des *CH-47D* nachrüsten. Für lange Missionen unter erschwerten Wetterbedingungen erwarb die US Army 95 *CH-47E* mit zahlreichen Sonderausrüstungen. Das aktuellste Modell ist der *CH-47SD,* er hat weiter leistungsgesteigerte Turbinen mit je 3529 kW Startleistung und mehrere interne Nachbesserungen. Der Laderaum des CH-47 hat die Ausmasse 2,3 x 2,0 x 9,1 m und er bietet Platz für 55 Soldaten oder 24 liegende Verwundete. Die etwa 1200 ausgelieferten Chinooks stehen heute in 20 Ländern weltweit im Einsatz, oft auch bei humanitären Missionen.

Kategorie:	Schwerer Transporthubschrauber, Crew 3.
Bewaffnung:	Keine
Nutzmasse:	An den 3 Lasthaken max. 12 943 kg, intern max. 9072 kg.
Antrieb:	(CH-47SD): Zwei Turbinen AlliedSignal T55-L-714A mit je 3529 kW Startleistung.
Hersteller:	Boeing Helicopter Company, Werk Philadelphia, USA.
Erstflug:	21.09.1961 / **Preis** ~ 30 Mio. US-$ / **Prod. Masch.** ~ 1200.
Photo:	(Boeing): Ein CH-47SD der US Army

Daten des CH-47SD

Rotordurchmesser 2 x 18,29 m, Rumpflänge 15,87 m, Höhe 5,77 m. Leermasse 11 549 kg, Startmasse 24 494 kg, Treibstoff je nach Option 3900 l bis 7830 l.
Höchstgeschwindigkeit 295 km/h, Dienstgipfelhöhe 6100 m, Steigleistung 8,7 m/s, Schwebehöhe ohne Bodeneffekt 1670 m , mit Bodeneffekt 2840 m, Überführungsreichweite 1200 km, Reichweite mit 5000 kg Nutzmasse 900 km, Treibstoffverbrauch 1600 l/h.

BOEING E-3 AWACS   USA

Eine Kriegsführung mit modernen Waffen, besonders über großen Territorien, erfordert eine vom Feind möglichst nicht störbare Aufklärung und Kommunikation. Für diesen Zweck werden weltweit die sogenannten AWACS-Flugzeuge eingesetzt, *AWACS* = Airborne Warning and Control System. Diese Flugzeuge operieren über einem sicheren Luftraum und sie können mit Hilfe ihrer umfangreichen Radar- und Aufklärungselektronik alle Bewegungen von Kriegsfahrzeugen und Flugzeugen bis weit ins feindliche Territorium hinein beobachten, und bei einer Bedrohung früh Alarm geben, oder bei Kampfhandlungen übernehmen sie die Rolle einer fliegenden Kommandozentrale. Für diese Einsatzzwecke bei der US Air Force entstand auf der Basis des Jetliners *Boeing 707* das Muster *E-3 Sentry*, das im März 1977 seinen Dienst aufnahm. Die Sentry hat über dem Rumpf eine rotierende Antenne mit 9,1 m Durchmesser und an Bord befinden sich 13 bis 18 Aufklärungsoffiziere, die an modernen Bildschirmen einen Bereich von etwa 800 km Durchmesser überwachen können. Die USAF kaufte bis 1984 insgesamt 34 *E-3A,* die später schrittweise auf den Standard *E-3B* und *E-3C* aufgewertet wurden. Weitere 18 *E-3A* wurden zwischen 1982 bis 1985 für den gemeinsamen Einsatz bei der NATO in Europa gebaut, der Stützpunkt für diese Flugzeuge ist die Basis Geilenkirchen in Deutschland. An der Ausrüstung sowie Wartung dieser achtzehn Flugzeuge sind deutsche Firmen beteiligt.
Saudi Arabien kaufte 1986 fünf *E-3D*, weitere vier Flugzeuge erwarb 1992 Frankreich und sieben Exemplare gingen 1991 an die Royal Air Force in Großbritannien. Während die E-3 der USAF, und der NATO als Antrieb das ältere Mantelstromtriebwerk P/W TF-33 verwenden, haben die Maschinen für Frankreich, Großbritannien und Saudi Arabien die modernen Turbofans CFM56 mit je 107 kN Standschub, Typenbezeichnung *E-3D.* 1993 endete mit der Auslieferung der letzten *E-3D* gleichzeitig auch die Produktion der Baureihe Boeing 707 nach dem Bau von insgesamt 1010 Flugzeugen.

Kategorie:	Fliegende Aufklärungs- Frühwarn- und Kommunikationszentrale, Crew 18 bis 22.
Bewaffnung:	Keine
Antrieb:	(E-3D):Vier Mantelstromtriebwerke F108-CF100 (CFM56-2A) mit je 107 kN Standschub.
Hersteller:	Boeing Military Airplane Company, Werk Renton, USA
Erstflug:	09.02.1972 / **Preis** ~ 400 Mio. US-$ / **Prod. Machinen** 68
Photo:	(Boeing): eine E-3C der Nato

Daten der E-3D
Spannweite 44,43 m, Länge 46,62 m, Höhe 12,52 m, Flügelfl. 283,40 m². Leermasse 79 500 kg, Startmasse 155 130 kg, Treibstoff 90 250 l. Höchstgeschwindigkeit 900 km/h, Landegeschwindigkeit 260 km/h, Dienstgipfelhöhe 10 670 m, Steigleistung 10 m/s. Startrollstrecke 1800 m, Überführungsreichweite 10 250 km, Flugdauer ohne Luftbetankung etwa 13 Stunden, Treibstoffverbrauch 6300 l/h.

BOEING E-6B MERCURY   USA

Zu dem Instrument der Sicherheitsstrategie der USA zählen sechzehn Flugzeuge mit der Typenbezeichnung *Boeing E-6A Mercury*, die von der US
Navy eingesetzt werden. Hauptaufgabe der *E-6A* ist die Kommunikation
zwischen der atomaren U-Bootflotte des Landes auf allen Weltmeeren und
den wichtigen nationalen Kommandostellen, oder dem Präsidenten der
USA im Falle eines Kriegszustandes. Acht *E-6A* sind auf dem Stützpunkt
Barbers Point auf Hawaii stationiert und für den Einsatz über dem Pazifik
zuständig, und die anderen acht Maschinen sind in Patuxent River, Mary-
land stationiert und für den Einsatz über dem Atlantik zuständig. Alle sechzehn *E-6A* unterstehen dem US Strategic Command, ebenso wie die 34
E-3C Sentry und andere strategische Aufklärungsflugzeuge.
Mit den Arbeiten für das Projekt *E-6A* wurde im Frühjahr 1983 begonnen
und im Februar 1987 begann die Erprobung mit dem ersten Testflugzeug.
Im Sommer 1989 kam die erste *E-6A* in den Dienst und bis 1993 waren alle
16 Flugzeuge ausgeliefert. Die E-6A basiert zellenmäßig auf dem bewährten Jetliner Boeing 707-320 und für den Antrieb verwendet man das moderne Mantelstromtriebwerk CFM56 (Militärbezeichnung F108). Für den
Haupteinsatz über See wurde der Korrosionsschutz der Zelle verstärkt und
ferner verstärkte man die Zellenstruktur für die höhere Belastung bei Einsätzen in geringen Höhen. Ein großer Teil des Kabinenbereichs ist mit einer
High-Tec-Kommunikationselektronik ausgerüstet, die von sieben spezial-
listen bedient wird, Fachbezeichnung Airborne Communications Officer.
Wegen der langen Einsatzdauer von bis zu 72 Stunden (bei mehreren
Luftbetankungen), befindet sich immer eine zweite Crew mit an Bord. Für
den Komfort der Crew bei langen Missionen sorgen Ruheräume und eine
gut ausgestattete Bordküche. Zu den Besonderheiten der *E-6A* Ausrüstung
zählen zwei Schleppantennen mit 1300 m bzw. 8600 m Länge für die Kommunikation mit getauchten U-Booten. Gegenwärtig werden alle 16 Maschinen durch ein Nachrüstungsprogramm auf die Variante *E-6B* aufgewertet.

Kategorie: Fliegende Kommunikationszentrale, Crew 18 bis 22.
Bewaffnung: Keine
Nutzmasse: Aufklärungselektronik
Antrieb: Vier Mantelstromtriebwerke F108-CF100 (CFM56-2A) mit je
                107 kN Standschub.
Hersteller: Boeing Airplane Company, Werk Renton, USA.
Erstflug: 19.02.1987 / **Preis** ~ 500 Mio. US-$ / **Prod. Maschinen** 16
Photo: (H. Kreuzer) Boeing E-6A Mercury in Seattle.

Daten der E-6B
Spannweite 44,43 m, Länge 46,62 m, Höhe 12,52 m, Flügelfl. 283,40 m².
Leermasse 78 500 kg, Startmasse 155 130 kg, Treibstoff 90 250 l.
Höchstgeschwindigkeit 980 km/h, Landegeschwindigkeit 260 km/h, Dienstgipfelhöhe 10 670 m, Steigleistung 10 m/s, Startrollstrecke 1800 m, Überführungsreichweite 11 750 km, Flugdauer ohne Luftbetankung etwa
15 Stunden, Treibstoffverbrauch 6100 l/h.

BOEING 767 AWACS   USA

Die Aufgaben von großen fliegenden Aufklärungs- und Frühwarnstationen werden gegenwärtig in der Mehrzahl von der nicht mehr in Produktion stehenden Baureihe *Boeing E-3* (Boeing 707) wahrgenommen. Nach dem die Letzte *E-3* im Mai 1991 fertiggestellt wurde, gab die Boeing-Abteilung Defence & Space Group im Dezember des gleichen Jahres das Projekt Boeing *767 AWACS* bekannt. Basierend auf der Zelle und dem Antrieb des erfolgreichen Jetliners Boeing 767, wird die *767 AWACS* in der Zukunft für die gleichen Aufgaben angeboten, wie die *E-3*. Neben den AWACS-Missionen, wird die militärische „767" auch als Lufttanker, als Militärtransporter oder für andere diverse Aufgaben von Boeing angeboten.

Als erster Kunde bestellte die Luftwaffe Japans im November 1993 unter der Typenbezeichnung *Boeing E-767 AWACS* zwei Flugzeuge, später wurde die Order auf insgesamt vier Flugzeuge erhöht. Die Flugerprobung mit der voll ausgerüsteten *E-767* begann im August 1996 in Seattle und 1998 bekam Japan die beiden ersten Einheiten. Mittlerweile sind alle vier Einheiten ausgeliefert. Als weitere Interessenten für die *E-767* gelten die Streitkräfte von Italien, Südkorea, Saudi Arabien und der Türkei.

Die *E-767* besitzt die gleiche rotierende Antenne, wie die ältere Variante *E-3*, sie hat 9,1 m Durchmesser, sie ist 1,8 m dick und sie hat je nach Einsatzprofil eine Reichweite von 300 bis 400 km. Der Rumpf der *E-767* bietet gegenüber der E-3 rund 50% mehr Volumen, das der Nutzmasse und dem Komfort der Crew bei langen Überwachungsmissionen zu Gute kommt. Neben den beiden Piloten, besteht die Standardbesatzung der *E-767* aus 18 Offizieren für die Bedienung der hochwertigen Aufklärungs- und Kommunikationselektronik, bei Bedarf kann die Crew auf 35 Mitglieder erhöht werden. Die Ausrüstung der *E-767* erfolgt im Boeing-Werk Wichita, Kansas und die Lieferanten der Hochtechnologie sind die Firmen General Electric, IBM, Sundstrand sowie Westinghouse. Weltweit sind an dem Projekt *E-767* etwa 400 Firmen beteiligt.

Kategorie:	Fliegende Aufklärungs- Frühwarn- und Kommunikationszentrale, Crew 20 bis 35.
Bewaffnung:	Keine.
Antrieb:	Zwei Mantelstromtriebwerke General Electric CF6-80C2 mit je 273,5 kN Standschub.
Hersteller:	Boeing Defence & Space Group, Seattle, USA.
Erstflug:	09.08.1996 / **Preis** ~ 550 Mio. US-$ / **Prod. Maschinen** 4
Photo:	(Boeing): Die Erste E-767 für Japan am Mount Rainer.

Daten der E-767

Spannweite 47,57 m, Länge 48,51 m, Höhe 15,85 m, Flügelfl. 283,35 m². Leermasse 85 000 kg, Startmasse 174 635 kg, Treibstoff 91 000 l. Höchstgeschwindigkeit 850 km/h, Landegeschwindigkeit 250 km/h, Dienstgipfelhöhe 12 200 m, max.Steigleistung 11 m/s., Startrollstrecke 1900 m, Überführungsreichweite 10 350 km, Flugdauer ohne Luftbetankung 17 Stunden, Treibstoffverbrauch 6400 l/h.

BOEING F-15 EAGLE   USA

Nach etwa 25 Dienstjahren ist die *F-15 Eagle* immer noch der Top-Fighter der USA und Hauptaufgabe der etwa 750 Maschinen ist die Erhaltung der Lufthoheit. Die F-15 entstand nach einer Ausschreibung der US Air Force aus dem Jahr 1968 für einen Langstrecken-Luftüberlegenheitsjäger, um das damalige Muster *Convair F-106* abzulösen. Der damalige Luftfahrtkonzern McDonnell Douglas ging als Sieger aus diesem Wettbewerb hervor und im Juli 1972 begann die Flugerprobung mit dem Prototyp *YF-15* auf der Edwards AFB in Kalifornien.

Im Januar 1976 begann der Einsatz der Basisvariante *F-15A* bei der USAF und im Frühjahr 1977 wurden die ersten Maschinen in Bitburg für den Einsatz in Europa stationiert. Die USAF kaufte 355 *F-15A* und 57 von der zweisitzigen Variante *F-15B*. Beide Varianten stehen seit etwa zehn Jahren bei den Reserveeinheiten der ANG – Air National Guard im Dienst. Im Februar 1975 demonstrierte eine F-15 ihre Leistungsfähigkeit u. A. mit einem Steigflug auf 30 000 m Höhe in nur 208 Sekunden. Im Herbst 1979 kamen die aufgewerteten Varianten *F-15C* (Einsitzer) und *F-15D* (Zweisitzer) bei der USAF in den Dienst, es wurden 420 *F-15C* sowie 61 *F-15D* erworben. Für die Rolle eines Jagdbombers entstand die Variante *F-15E Strike Eagle,* sie kam im Frühjahr 1988 bei der USAF in den Dienst und es wurden 225 gekauft. Die *F-15E* entstand auf der Basis der zweisitzigen *F-15D* und sie kann eine Waffenlast von max. 10 886 kg mitführen, darunter Bomben und eine Vielzahl von Lenkwaffen. In Japan baute Mitsubishi Heavy Industries für die eiheimische Luftwaffe 215 *F-15J/F-15DJ* in Lizenz. Weitere Auslandskunden des Musters sind die Streitkräfte von Israel mit 77 Einheiten und Saudi Arabien mit 145 Einheiten. Die USAF bemüht sich gegenwärtig um Mittel für eine Nachrüstung von etwa 400 *F-15C/D* auf das fortschrittliche Kampfradar *Raytheon APG-63* für die Kampfsteigerung des Musters. Der Konzern McDonnell Douglas gehört seit 1997 zu der Boeing Company.

Kategorie:	Abfangjäger und Mehrzweckkampfflugzeug, Crew 1 bis 2.
Bewaffnung:	Eine Bordkanone M61A1 Kal. 20 mm mit 940 Schuß und neun Aufhängepunkte für max. 10 886 kg div. Waffen (F-15E)
Antrieb:	Zwei Mantelstromtriebwerke Pratt & Whitney F100-PW-229 mit je 81,5 kN ohne und 131 kN Standschub mit Nachbren.
Hersteller:	Boeing Military Company, Werk St. Louis, USA.
Erstflug:	27.07.1972 / **Preis** ~ 90 Mio. US-\$ / **Prod. Maschin.** 1340
Photo:	(Boeing): Zwei F-15 der US Air Force

Daten der F-15C

Spannweite 13,05 m, Länge 19,45 m, Höhe 5,64 m, Flügelfläche 56,50 m². Leermasse 13 000 kg, Startmasse 20 225 kg, mit Überlast 30 844 kg, Treibstoff intern 7630 l, extern 12 250 l.
Höchstgeschwindigkeit 2665 km/h (Mach 2,5), Landegeschwindigkeit 280 km/h, Dienstgipfelhöhe 30 500 m, max. Steigleistung 255 m/s, Startrollstrecke 390 m, Überführungsreichweite 4600 km, Einsatzradius mit 3000 kg Waffen 1200 km, Treibstoffverbrauch 3700 l/h.

BOEING F/A-18 HORNET/SUPER HORNET   USA

Das vielseitige Mehrzweckkampfflugzeug *F/A-18 Hornet* ist gegenwärtig mit etwa 950 Maschinen das dominierende Muster bei der US Navy sowie den US Marines. Die Hornet entstand Mitte der 70er Jahre auf der Basis des erfolglosen Prototyps *Northrop YF-17*, der von McDonnell Douglas zu diesem Zweck erworben wurde. Nach einer Vergrößerung und Anpassung an die Einsatzbedingungen auf Flugzeugträgern, entstand der neue Prototyp *YF/A-18A*, der im November 1978 mit den Flugtests begann. 1981 begannen die Einsatztests bei der US Navy sowie den Marines mit elf Vorserienmaschinen und ab Januar 1983 war auf der Basis El Toro in Kalifornien das erste F/A-18-Geschwader einsatzbereit. McDonnell Douglas war mit 60% Anteil der Hauptauftragnehmer des F/A-18-Programms, während Northrop, General Electric sowie Hughes Unterauftragnehmer waren. Von der Basisversion *F/A-18A* baute man 370 Einheiten und von der zweisitzigen Variante *F/A-18B* 40 Einheiten, Startmasse max. 21,9 t, Antrieb zwei Mantelstromtriebwerke G/E F404-400 mit je 71 kN Standschub. Seit 1986 begann die Lieferung von 470 *F/A-18C* sowie 155 *F/A-18D* (2-Sitzer) an die US Navy sowie die Marines. Diese Varianten haben stärkere Triebwerke mit je 79,9 kN Standschub, eine höhere Startmasse von 22,4 t sowie eine aufgewertete Avionik. Die Hornet wurde seit 1982 in sieben Länder exportiert; Australien kaufte 75 Einheiten, Finnland 64, Kanada 138, Kuwait 40 , Malaysia acht, Spanien 72 und die Schweiz 34. Die US Navy hat auf ihren Flugzeugträgern 24 F/A-18-Geschwader und die Marines 14 landgestützte Geschwader der F/A-18. Unter einem knapp fünf Milliarden US-$ teuren Programm begann 1991 die Entwicklung der vergrößerten und erheblich modernisierten Varianten *F/A-18E Super Hornet* und *F/A-18F* als Zweisitzer. Die Flugtests begannen im November 1995 und ab 1999 wurden die ersten Maschinen ausgeliefert, geplant ist die Beschaffung von etwa 500 Einheiten bis zum Jahr 2015.

Kategorie:	Bord- und Landgest. Mehrzweckkampfflugzeug Crew 1–2.
Bewaffnung:	Eine Bordkanone M61A1 Kal. 20 mm und an elf Aufhängepunkten diverse Waffen bis 8000 kg Gesamtlast.
Antrieb:	(A/F-18E): Zwei Mantelstromtriebwerke G/E F414-GE-400 mit je 63 kN ohne und je 98 kN Standschub mit Nachbrenner.
Hersteller:	Boeing Military Airplane Company, Werk St. Louis, USA.
Erstflug:	18.11.1978 / **Preis** ~ 78 Mio. US-$ / **Prod. Maschin.** 1400
Photo:	(Boeing): Eine F/A-18F bei der Decklandung.

Daten der F/A-18E

Spannweite 13,65 m, Länge 18,38 m, Höhe 4,89 m, Flügelfläche 46,46 m². Leermasse 10 900 kg, Startmasse 24 404 kg, mit Überlast 29 938 kg, Treibstoff intern 8065 l, extern 5454 l.
Höchstgeschwindigkeit 1950 km/h (Mach 1,8), Landegeschwind. 265 km/h, Dienstgipfelhöhe 16 000 m, max. Steigleistung 225 m/s, Startrollstrecke 450 m, Überführungsreichweite 3900 km, Einsatzradius mit 5000 kg Waffenlast 500 km, Treibstoffverbrauch 2500 l/h.

BOEING AH-64 APACHE   USA

Mit über Tausend im Einsatz befindlichen Maschinen, ist der Kampfhubschrauber *AH-64 Apache* eines der wichtigsten und kampfstärksten Muster in seiner Kategorie. Der Apache wurde von der Firma Hughes Anfang der 70er Jahre für den Wettbewerb Advanced Attack Helicopter – AAH der US Army entwickelt und er ging aus diesem Wettbewerb als Sieger hervor.

In dem erwähnten Wettbewerb wurde ein stark bewaffneter Kampfhubschrauber für den Bodenkampf gefordert und die Bekämpfung von gepanzerten Fahrzeugen. Ein wichtiges Kriterium war die Panzerung der zweisitzigen Cockpit sowie der lebenswichtigen Teile der Konstruktion gegen Beschuß von Bodenwaffen bis zum Kaliber 20 mm. Die Zelle und das Fahrwerk sind bei Notlandungen für eine Sinkrate bis 12,5 m/s ausgelegt. Als feste Bewaffnung hat das Muster eine bewegliche Kanone Kaliber 30 mm mit max. 1200 Schuß. An den beiden Waffenträgern seitlich des Rumpfes können entweder acht Panzerabwehrlenkwaffen, oder 16 Mehrzwecklenkwaffen Hellfire, oder Raketenwerfer mitgeführt werden.

Der Prototyp *YH-64* begann im September 1975 mit den Flugtests und im Herbst 1984 kam das Basismuster *AH-64A* bei der US Army in den Truppendienst. Sein Antrieb besteht aus zwei Turbinen G/E T700 mit je 1130 kW Startleistung und die Startmasse beträgt 7700 kg. Die US Army besitzt gegenwärtig etwa 740 AH-64A, die schrittweise auf den Standard der neuesten Variante *AH-64D* nachgerüstet werden und ferner wurden 232 fabrikneue *AH-64D* bestellt. Gegenüber der Basisversion hat der *AH-64D* eine erhebliche Verstärkung sowie Leistungssteigerung erhalten und er ist mit einer digitalen Kampfelektronik ausgerüstet. Die seit 1997 eingesetzte Variante *AH-64D Longbow Apache* hat über dem Rotor einen kuppelähnlichen Radabehälter für den Allwetter-Einsatz und die Zielklassifizierung. Der Apache wurde an folgende Länder exportiert: Ägypten (24), Griechenland (20), Großbritannien (67), Israel (36), die Niederlande (30), Saudi Arabien (12), Singapur (8) und die V.A. Emirate mit 30 Einheiten.

Kategorie:	Mehrzweck-Kampfhubschrauber, Crew 2.
Bewaffnung:	Eine Bordkanone Kal. 30 mm und an dem Waffenträger diverse Waffen bis 2500 kg, darunter auch Luft-Luft-Lenkwaf.
Antrieb:	(AH-64D): Zwei Turbinen General Electric T700-GE-701C mit je 1409 kW Startleistung und 1446 kW Notleistung.
Hersteller:	Boeing Helicopter Company, Werk Mesa, USA.
Erstflug:	30.09.1975 / **Preis** ~ 20 Mio. US-$ / **Prod. Maschin**. 1 150
Photo:	(Boeing): Ein AH-64D der US Army

Daten des AH-64D

Durchmesser des Hauptrotors 14,63 m, des Heckrotors 2,79 m, Rumpflänge 15,35 m, Höhe 4,95 m. Leermasse 5355 kg, Startmasse 9570 kg, mit Überlast 10 107 kg, Treibstoff intern 1385 l, extern 3390 l.
Höchstgeschwindigkeit 267 km/h, Dienstgipfelhöhe 6100 m, Steigleistung max. 8,4 m/s, Schwebehöhe ohne Bodeneffekt 3075 m, mit Bodeneffekt 4360 m, Überführungsreichweite 1500 km, Treibstoffverbrauch 625 l/h.

BOEING C-17A GLOBEMASTER III   USA

Die *C-17A Globemaster III* ist der modernste Militärtransporter der Gegenwart, sie besitzt interkontinentale Reichweite und sie kann eine Last von 75 000 kg befördern. Das strategisch wichtige Muster ist seit dem Sommer 1993 im Einsatz bei dem Air Mobility Command, einer Division der US Air Force, die zuständig ist für den weltweiten Transport von wichtigen militärischen Gütern, im Besonderem bei internationalen Militärkonflikten.
Das Projekt *C-17A* ging im August 1981 als Sieger aus dem Wettbewerb für den zukünftigen Militärtransporter der US Air Force hervor. Entwickelt wurde das Projekt von dem damaligen Luftfahrtkonzern McDonnell Douglas und es bekam später den Typennamen *Globemaster III*, denn bei Douglas entstanden bereits davor zwei Muster von Militärtransportern mit diesem Namen. Wegen kontroverser Ansichten im US-Kongress über die Notwendigkeit des Projektes *C-17A* verzögerte sich die Fertigstellung und Erprobung des ersten Prototypen bis zum September 1991. Am 14. Juni 1993 bekam die US Air Force in einer feierlichen Zeremonie die Erste *C-17A* überreicht, das Muster wird schrittweise den über 35 Jahre im Dienst stehenden *Lockheed C-141 Starlifter* ersetzen. Bis zum Jahr 2005 ist die Beschaffung von 120 Einheiten geplant, im Jahr 2000 waren bereits 50 C-17A im Einsatz. Die C-17A hat die klassische Form eines Militärtransporters, der Rumpf hat einen Durchmesser von 6,85 m und er ist ganz druckbelüftet. Die moderne Fly-by-wire-Steuerung wird von zwei Piloten bedient. Die Zelle besteht zu 77% aus Aluminium, weitere 12% sind Stahl, 6% Titan und die Restlichen 5% gewichtssparende Verbundwerkstoffe. Der Laderaum hat ein Volumen von 590 m³, er ist 26,8 m lang, 5,5 m breit und 4,1 m hoch. Neben Einzellasten bis 27 216 kg, können entweder 102 ausgerüstete Soldaten oder 48 liegende Verwundete transportiert werden. Im Jahr 1997 wurde der MDD-Konzern Bestandteil der Boeing Company und an dem C-17A-Programm sind neben Boeing etwa weitere 20 US-Firmen beteiligt.

Kategorie:	Militärtransporter für Langstrecken, Crew 3.
Bewaffnung:	Keine
Nutzmasse:	Max. 76 658 kg oder 102 Soldaten.
Antrieb:	Vier Mantelstromtriebwerke Pratt & Whitney F117-PW-100 mit je 181 kN Standschub.
Hersteller:	Boeing Military Airplane Co. Werk Long Beach, USA.
Erstflug:	15.09.1991 / **Preis** ~ 175 Mio. US-\$ / **Prod. Maschinen** 50
Photo:	(Boeing): C-17A Globemaster III

Daten der C-17A
Spannweite 51,76 m, Länge 53,04 m, Höhe 16,79 m, Flügelfl. 353,49 m². Leermasse 125 700 kg, Startmasse 249 022 kg, mit Überlast 265 356 kg, Treibstoff 102 625 l.
Höchstgeschwindigkeit 890 km/h, Landegeschwindigkeit 210 km/h, Dienstgipfelhöhe 13 720 m, max. Steigleistung 10,5 m/s, Startrollstrecke 1300 m, Überführungsreichweite 7950 km, Reichweite mit 50 000 kg Nutzmasse 6900 km, Treibstoffverbrauch 9800 l/h.

C-17

BOEING/BAe AV-8B HARRIER II   International

Zwischen 1971 bis 1976 lieferte British Aerospace – BAe 110 Einheiten des Senkrechtstarters Harrier an das US Marine Corps. Diese Flugzeuge tragen die Typenbezeichnungen *AV-8A* bzw. *AV-8B* für acht zweisitzige Trainervarianten und das Muster diente hauptsächlich als Erdkampfflugzeug für Einsätze von Spezialschiffen oder vorgelegten Ersatzbasen. Um die Flug- und Kampfleistungen des Musters zu steigern, entstand in einer Kooperation zwischen BAe und dem damaligen US-Konzern McDonnell Douglas die vergrößerte Variante *AV-8B Harrier II*, die im November 1981 mit der Flugerprobung begann. Gegenüber der Basisversion hat die neue Variante einen größeren Flügel mit etwa 15% mehr Fläche sowie 1125 l mehr Tankkapazität, einen stärkeren Antrieb mit 105 kN Standschub, eine aufgewertete Kampfavionik und im großem Umfang gewichtssparendes Baumaterial. Durch diese Änderungen erreichte man eine Steigerung der externen Waffenlast um 70%, ferner 400% mehr externer Tankkapazität und dank der fortschrittlicheren Ausrüstung etwa 60% geringere Wartungskosten. Die Harrier II kann an neun Flügelstationen 6000 kg Waffen transportieren und unter dem Rumpf befindet sich ein Kanonenbehälter Kaliber 25 mm mit 300 Schuß. Das US Marine Corps erhielt 226 Harrier II inkl. der zweisitzigen Trainervariante *TAV-8B*. Die Royal Air Force erhielt 96 Maschinen unter der Typenbezeichnung *Harrier GR.5* ab Juli 1987. Seit 1994 steht bei den US Marines die Variante *Harrier II Plus* im Einsatz, sie hat ein fortschrittlicheres Kampfradar Hughes AN/APG-65 mit besseren Leistungen bei Nachteinsätzen, ausgeliefert wurden 35 Einheiten und bis 2002 sollen 73 Harrier II auf den Standard Harrier II Plus nachgerüstete werden. Weitere Betreiber der Harrier II/II Plus sind die Marinestreitkräfte von Italien mit 18 Einheiten und von Spanien mit 20 Einheiten. Diese Flugzeuge wurden von Alenia bzw. von Casa endmontiert, und sie werden von diesen Firmen technisch betreut, während in den USA seit 1997 Boeing das Programm übernahm.

Kategorie:	S/VTOL-Mehrzweckkampfflugzeug, Crew 1.
Bewaffnung:	Eine Kanone Kal. 25 mm und an 9 Flügelstationen diverse Waffen bis max. 6000 kg Gesamtlast. (Harrier IIPlus)
Antrieb:	Ein Mantelstromtriebwerk Rolls-Royce Pegasus F402-RR-408 mit 105 kN Standschub, kein Nachbrenner.
Hersteller:	Boeing Milit. Co. USA und British Aerospace, Großbritannien.
Erstflug:	05.11.1981 / **Preis** ~ 37 Mio. US-$ / **Prod. Maschinen** 300.
Photo:	(Boeing): AV-8B Harrier II der US Marines

Daten der Harrier II Plus
Spannweite 9,24 m, Länge 14,56 m, Höhe 3,55 m, Flügelfläche 22,17 m². Leermasse 6744 kg, Startmasse 10 410 kg, mit Überlast 14 062 kg, Treibstoff intern 4250 l, extern 4544 l.
Höchstgeschwindigkeit 1065 km/h (Mach 0,98), Dienstgipfelhöhe 13 720 m max. Steigleistung 88 m/s, Startrollstrecke 0 bis 400 m, Überführungsreichweite 3200 km, Einsatzradius mit 2000 kg Waffen 850 km, Treibstoffverbrauch 1900 l/h.

BOEING/BAe T-45A/C GOSHAWK   International

British Aerospace – BAe gewann im November 1981 mit dem Muster *Hawk* den Wettbewerb für den zukünftigen Jettrainer bei der US Navy, als Ersatz für die Typen North American *T-2C Buckeye* und Douglas *TA-4J Skyhawk*. Das Projekt bekam die Typenbezeichnung *T-45 Goshawk* und es wurde in Kooperation zwischen British Aerospace sowie McDonnell Douglas entwickelt. Dabei ist die *Goshawk* eines von insgesamt fünf Systemen von einem erstmals vollkommen integrierten Trainingsprogramm, (*T45TS*) , das ferner aus fortschrittlichen Simulatoren, einem komputergestützten Einweisungs- und Instruktionssystem besteht, sowie der dazugehörigen Logistik. Durch ein solches integriertes Trainingssystem können die Kosten sowie die Schulungsdauer reduziert werden.
Die *T-45 Goshawk* bekam gegenüber der ursprünglichen *Hawk* von BAe eine Reihe von konstruktiven Änderungen, die für den Einsatz auf Flugzeugträgern notwendig sind; u. A. ein verstärktes Fahrwerk mit doppelter Bugradbereifung und einer Katapultbefestigung, ferner einen Fankhaken unter dem Rumpfheck, zwei Luftbremsen seitlich am Rumpfheck, ein verstärkter Korrosionssionsschutz der Zelle und ein stärkerer Antrieb. Die Produktion der *T-45* ist zwischen den beiden Partnerfirmen aufgeteilt, wobei McDonnell Douglas für die Herstellung des Vorderrumpfes, die Endmontage, die Integration aller Betriebssysteme und die Flugtests zuständig ist, (seit 1997 Boeing). Die erste *T-45A* kam im Januar 1992 erstmals in den Dienst. Nach dem Bau von 72 Einheiten kam im Dezember 1997 die Variante *T-45C* zur Auslieferung, sie besitzt eine digitale Cockpit-Intrumentierung (Cockpit 21), die für die Ausbildung auf das Kampfflugzeug *F/A-18* optimiert ist. Bis zum Jahr 2000 waren 135 Einheiten von 187 geplanten ausgeliefert, wobei alle 72 *T-45A* schrittweise auf den Standard der *T-45C* nachgerüstet werden. Geplant ist ferner aus Ekonomiegründen eine Umrüstung auf das fortschrittlichere Mantelstromtriebwerk *AlliedSignal F124*.

Kategorie:	Bordgestütztes Schulflugzeug, Crew 2.
Bewaffnung:	An zwei Flügelstationen Lenkwaffen oder Bomben bis max. 1000 kg Gesamtlast für Trainingszwecke.
Antrieb:	Ein Mantelstromtriebwerk Rolls-Royce/Turbomeca F405-RR-401 mit 26 kN Standschub, kein Nachbrenner.
Hersteller:	Boeing Military Co. in USA und BAe in Großbritannien.
Erstflug:	16.04.1988 / **Preis** ~ 25 Mio. US-$ / **Prod. Maschinen** 135.
Photo:	(Boeing): T-45C Goshawk der US Navy

Daten der T-45C
Spannweite 9,39 m, Länge 11,98 m, Höhe 4,24 m, Flügelfläche 16,70 m². Leermasse 4265 kg, Startmasse 5897 kg, mit Überlast 6350 kg, Treibstoff intern 1640 l, extern 1182 l.
Höchstgeschwindigkeit 990 km/h (Mach 0,84), Landegeschwind. 190 km/h, Dienstgipfelhöhe 12 875 m, max. Steigleistung 35 m/s, Startrollstrecke 750 m, Überführungsreichweite 3500 km, max. Flugdauer ~ 4,5 Stunden, Treibstoffverbrauch 600 l/h.

BOEING/SIKORSKY RAH-66 COMANCHE   USA

Mitte der 80er Jahre bildeten die US-Firmen Boeing und Sikorsky ein gemeinsames Entwicklungsteam, das unter der Projektbezeichnung *LHX* mit den Studien für einen leichten High-Tec-Kampfhubschrauber begann. Nach dem endgültigen Layout bekam dieses Projekt die Typenbezeichnung *RAH-66 Comanche*, wobei RAH für Reconnaissance-Attack-Helicopter steht, also ein Aufklärungs- und Angriffshubschrauber. Der Comanche wirkt mit seinem Design sehr futuristisch und er ist der fortschrittlichste Hubschrauber überhaupt. Er ist so gestaltet, daß er weitgehend der Stealth-Technologie entspricht und das Baumaterial sind infratrot- und radarabsorbierende Verbundwerkstoffe. Das Fahrwerk ist einziehbar und die Waffen werden in einem geschlossenen Waffenbehälter untergebracht.

Die Bewaffnung besteht aus einer beweglichen Revolverkanone vom Kaliber 20 mm unter dem Rumpfbug sowie aus zwei seitlich des Rumpfes aufklappbaren Waffenschächten mit je 3 Aufhängepunkten für Bomben oder Lenkwaffen bis zu einer Gesamtmasse von 1200 kg. Für Überführungsflüge oder lange Einsatzmisionen kann der Waffenbehälter Anstelle von Waffen zwei 1742 l Zusatztanks aufnehmen. Den beiden Besatzungsmitgliedern steht die modernsten Flug- und Kampfelektronik zur Verfügung, die Einsätze unter allen Wetterbedingungen sowie bei Tag und Nacht zuläßt. Das Muster hat eine Spitzengeschwindigkeit von 324 km/h, es kann mit 140 km/h seitwärts und mit 130 km/h rückwärts fliegen. Seine Wendigkeit ist allen gegenwärtig im Dienst stehenden Mustern erheblich überlegen.

Wegen mehrerer Budgetkürzungen im US-Kongress wurde das Projekt *RAH-66* mehrmals zurückgestellt, der erste Prototyp begann erst im Januar 1996 mit der Flugerprobung, der Zweite folgte 1999, und für 2002 ist die Beschaffung von sechs Vorserienmaschinen geplant. Nach dem Stand vom Jahr 2000 ist die Beschaffung von 1292 *RAH-66* ab 2006 geplant, bei Gesamtkosten des Projektes von etwa 30 Milliarden US-$. Der *RAH-66* soll bei den US-Streitkräften mehrere gegenwärtig eingesetzte Muster ersetzen.

Kategorie:	Aufklärungs- und Kampfhubschrauber, Crew 2.
Bewaffnung:	Eine Bordkanone Kaliber 20 mm und an sechs Halterungen im Waffenschacht max. 1200 kg diverse Lenkwaffen.
Antrieb:	Zwei Turbinen LHTEC T800-800 mit je 1053 kW Startleistung.
Hersteller:	Boeing/Sikorsky RAH-66 Comanche Team, USA.
Erstflug:	04.01.1996 / **Preis** ~ 15 Mio. US-$ / **Prod. Maschinen** 2.
Photo:	(Boeing/Sikorsky) Prototyp RAH-66 Comanche.

Daten des RAH-66

Hauptrotordurchmeser 11,90 m, Rotorfläche 111,16 m², Gesamtl. 14,28 m, Rumpflänge 13,20 m, Höhe 3,37 m.
Leermasse 3522 kg, Startmasse 4807 kg, mit Überlast 7900 kg, Treibstoff 4470 l. Höchstgeschwindigkeit 324 km/h, Dientsgipfelhöhe 5000 m, max. Steigleistung 7,2 m/s, Überführungsreichweite 2350 km, Einsatzradius mit 500 kg Waffen 900 km, Treibstoffverbrauch 460 l/h.

BOEING X-32A/B/C   USA

Seit dem Ende des sogenannten kalten Krieges zwischen der ehemaligen Supermacht Sowjetunion und den USA wurden die Wehretats dieser Supermächte drastisch gekürzt. Ferner haben die Entwicklungs- und Anschaffungskosten für Hight-Tec-Militärflugzeuge zur Jahrtausendwende eine dramatische Grenze erreicht, die bei den Luftstreitkräften zu einer neuen Anschaffungspolitik führte. Ein Beispiel dafür ist das Projekt *Joint Strike Fighter – JSF*, für das die beiden konkurrierenden Entwicklungsteams Boeing und Lockheed Martin gegenwärtig ihre Versuchsmuster herstellen. Mit dem Projekt *JSF* entsteht ein vielseitiges Mehrzweckkampfflugzeug, das für die drei Teilstreitkräfte der USA, Air Force, Navy und Marine Corps geeignet ist. Es muß ferner über Stealth-Eigenschaften verfügen, eine hohe Reichweite, beste Waffeneinsatz-Präzision, die neueste Informations- und Radartechnologie sowie möglichst geringe Wartungskosten.

Für die US-Luftfahrtindustrie ist das JSF-Programm eines der lukrativsten Projekte in der nahen Zukunft, denn es ist die Beschaffung von knapp 3000 Einheiten geplant. Von Boeing werden für den *JSF* die Versuchsträger *X-32A* für die Air Force, *X-32B* für die Marines und *X-32C* für die Navy entwickelt. Angestrebt wird dabei eine etwa 75prozentige Gemeinsamkeit der Bauteile für alle drei Varianten. Die Variante für die Marines wird Kurz- und Senkrechtstart-Eigenschaften haben, ähnlich wie die gegenwärtig eingesetzte AV-8B Harrier II, und sie erhält schwenkbare Schubdüsen im Mittelrumpf. Die Navy-Variante wird für den Einsatz auf Flugzeugträgern optimiert, sie erhält eine verstärkte Zelle sowie Fahrwerk und einen Fankhaken unter dem Rumpfheck. Mit der Flugerprobung der drei Versuchsträger will man in Sommer 2000 beginnen, zur Jahreswende 2001/2002 soll der Wettbewerbsieger bekanntgegeben werden und ab etwa 2008 soll es zur Auslieferung der ersten Einheiten kommen. Mit dem JSF-Programm will man insgesamt sechs gegenwärtig verwendete Muster ersetzen. Für beide konkurrierenden JSF-Konzepte wurden jeweils 662 Mio. US-$ bewilligt.

Kategorie:	Mehrzweckkampfflugzeug-Projekt, Crew 1.
Bewaffnung:	Eine Bordkanone und etwa 6000 kg diverse Waffen in einem internen Waffenschacht.
Antrieb:	Ein Mantelstromtriebwerk Pratt & Whitney JSF119 mit etwa 175 kN Standschub mit Nachbrenner.
Hersteller:	Boeing Military Company, Seattle, USA.
Erstflug:	Sommer 2000 / **Preis** ~ 40 Mio. US-$ / **Prod. Maschinen** 2.
Photo:	(Boeing): Modellaufnahme der X32

Daten der X-32A (z. T. Geschätzt)

Spannweite 11,00 m, Länge 13,75 m, Höhe 5,0 m, Flügelfläche 50,0 m². Leermasse 10 000 kg, Startmasse 18 000 kg, mit Überlast 21 000 kg, Treibstoff 9000 l.

Höchstgeschwindigkeit Mach 2,0, Dienstgipfelhöhe 16 000 m, max. Steigleistung 150 m/s, Startrollstrecke 350 m, Überführungsreichweite 3000 km, Einsatzradius mit 3000 kg Waffen 1000 km, Treibstoffverbrauch 1500 l/h.

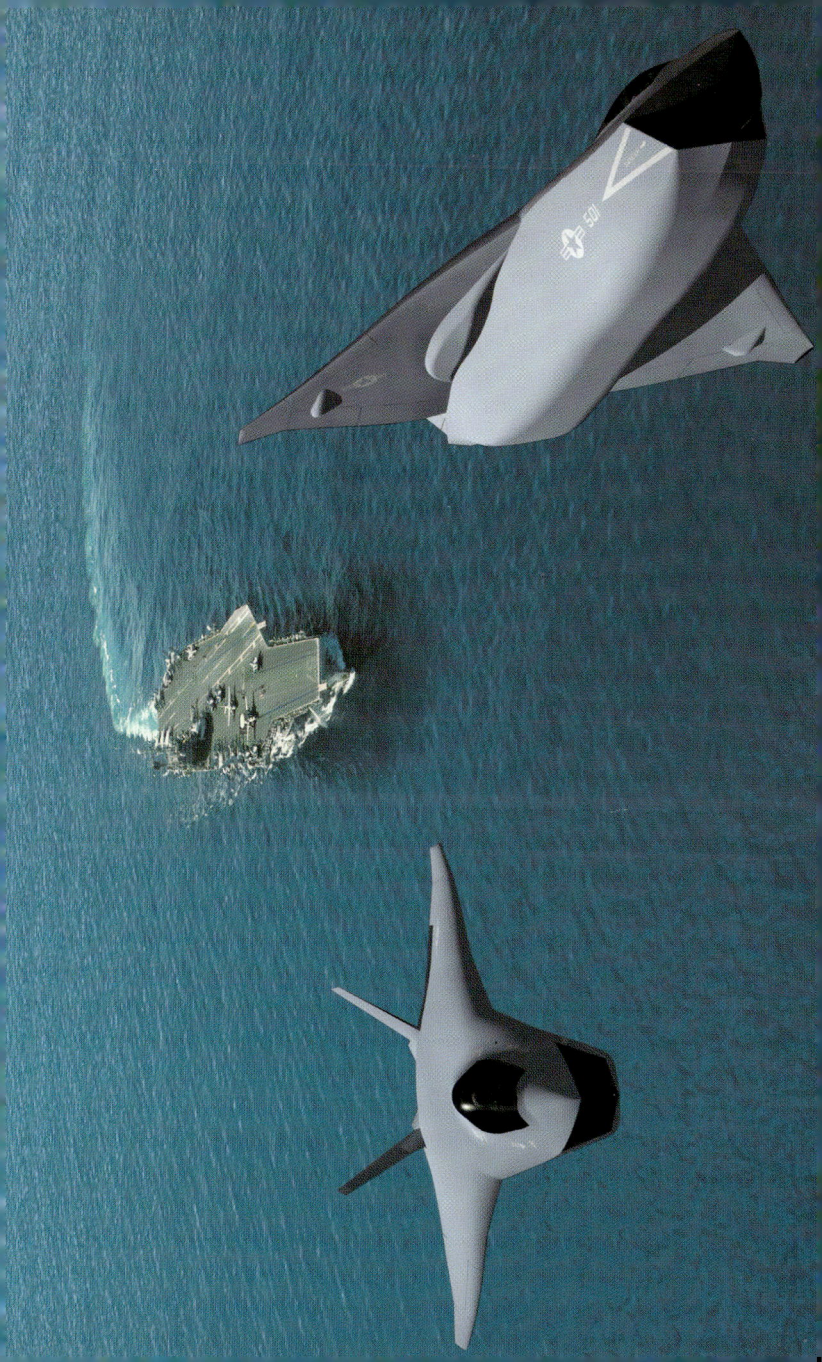

BRITISH AEROSPACE HARRIER   Großbritannien

Mit dem Harrier entstand der einzige serienreife Kampfjet der senkrecht starten und landen kann, *VTOL* = Vertical Take-Off and Landing. Damit entstand ein Kampfflugzeug mit einer einmaligen Vielseitigkeit, denn der *Harrier* benötigt keine langen Start- und Landebahnen, sondern er kann in der Nähe der Kampfzonen von gut getarnten kleinen Flächen aus eingesetzt werden. Für höhere Startmassen nutzt man die sogenannten *STOL*-Technologie (Short Take-Off and Landing), für die der *Harrier* etwa 150 m langen Startpisten benötigt. Der Prototyp des *Harrier* wurde noch von der ehemaligen Firma Hawker entworfen und er begann unter der Typenbezeichnung *P.1127 Kestrel* im Oktober 1960 in Dunsfold mit den Flugtests. Die erste Serienvariante *Harrier GR.1* begann im April 1969 den Dienst bei der Royal Air Force – RAF, sie hatte eine Startmasse von 5600 kg für VTOL und 7100 kg für STOL. Die RAF kaufte von den Varianten *GR.1* bis *GR.3* insgesamt 124 Einheiten.

Für die Einsatzbedingungen bei der Royal Navy entstand die Variante *Sea Harrier FRS1* von der ab dem Sommer 1979 insgesamt 61 Einheiten beschafft wurden, inkl. vier zweisitziger Trainervarianten *T8*. Ab 1988 ließ die Royal Navy 31 *FRS1* auf den aufgewerteten Standard *F/A2* nachrüsten und kaufte 18 neue *F/A2* dazu. Die Navy Indiens erwarb 23 Einheiten von der Variante *FRS51* sowie vier Trainer varianten *T60*.

In Kooperation mit McDonnell Douglas in den USA entstand die verstärkte und vergrößerte Variante *Harrier II*, die gegenüber den Vorgängervarianten erheblich kampfgesteigert wurde. Die RAF kaufte von der Harrier II unter der Typenbezeichnung *GR.5* und *GR.7* ab 1988 insgesamt 83 Einheiten plus 13 Einheiten von der zweisitzigen Trainervariante *T10*. British Aerospace teilt sich gegenwärtig die Produktion des Harrier II mit Boeing aus den USA, die aktuellen Kunden sind die Marinestreitkräfte der USA, Italiens und Spaniens.

Kategorie:	S/VTOL-Mehrzweckkampfflugzeug, Crew 1.
Bewaffnung:	Zwei Bordkanonen Kaliber 25 mm und an neun externen Waffenstationen total 4175 kg Bomben oder Lenkwaffen.
Antrieb:	Ein Mantelstromtriebwerk Rolls-Royce Pegasus 11-61 mit 105 kN Standschub, kein Nachbrenner.
Hersteller:	British Aerospace Systems, Werk Dunsfold, Großbritannien.
Erstflug:	21.10.1960 / **Preis** ~ 28 Mio. US-$ / **Prod. Maschinen** 312.
Photo:	(BAe): Ein Harrier II der Royal Air Force.

Daten des Harrier II

Spannweite 9,24 m, Länge 14,56 m, Höhe 3,55 m, Flügelfläche 22,17 m². Leermasse 6817 kg, Startmasse 11 884 kg, mit Überlast 14 062 kg, Treibstoff intern 4250 l, extern 4544 l.
Höchstgeschwindigkeit 1065 km/h (Mach 0,98), Dienstgipfelhöhe 13 720 m, max. Steigleistung 88 m/s, Startrollstrecke 0-400 m, Überführungsreichweite 3200 km, Einsatzradius mit 3000 kg Waffen 500 km, Treibstoffverbrauch 1900 l/h.

BRITISH AEROSPACE HAWK 50/60   Großbritannien

Im Jahre 1969 begann der damalige britische Luftfahrtkonzern Hawker Siddeley unter der Projektbezeichnung HS. *1182* mit der Entwicklung eines Jettrainers für die Fortgeschrittenenschulung von angehenden Piloten für Kampfflugzeuge bei der Royal Air Force. Der Prototyp begann im August 1974 mit der Flugerprobung und ab 1976 erhielt die Royal Air Force insgesamt 175 Einheiten unter der Typenbezeichnung *Hawk T. Mk.1* (Falke). Unter der Typenbezeichnung *Hawk T.Mk.1A* wurden später 88 Maschinen für die Rolle der Luftverteidigung mit zwei Halterungen für Luft-Luft-Lenkwaffen der Marke Sidewinder umgerüstet. Neben dieser Rolle wird der Hawk bei der RAF für die Fortgeschrittenenschulung, für das Waffentraining und bei der berühmten Kunstflugstaffel Red Arrows eingesetzt. 1977 wurde Hawker Siddeley Bestandteil des Luftfahrtkonzerns British Aerospace - BAe und es entstanden die Exportvarianten *Hawk Mk.50* sowie *Mk.60*. Die Serie *Mk.50* besitzt das fortschrittlichere Mantelstromtriebwerk Adour 851, eine aufgewertete Avionik, bessere Waffensysteme und fünf Waffenstationen, vier unter dem Flügel und eine unter dem Rumpf. In folgenden Ländern wird diese Variante eingesetzt: Finnland (50), Indonesien (20) und Kenia (12). Bei der weiter verbesserten Exportvariante Hawk *Mk.60* verwendet man das stärkere Triebwerk Adour 861 für bessere Flugleistungen und ferner wurden einige aerodynamische Änderungen vorgenommen. Die Kapazität der externen Treibstofftanks wurde von jeweils 100 Gallonen auf jeweils 130 Gallonen gesteigert (2 x 591 l). Im Einsatz als Kampfflugzeug hat die *Hawk 60* einen Kanonenbehälter vom Kaliber 20 bis 30 mm unter dem Rumpf und an den vier Waffenträgern unter dem Flügel können max. 3000 kg Waffen mitgeführt werden. Die Kunden dieser Variante sind Abu Dhabi (16), Dubai (8), Kuwait (12), Saudi Arabien (30), Südkorea (20), die Schweiz (20) und Simbabwe (8). Der Hawk gilt als ein leicht zu fliegendes Muster mit einer hohen Zuverlässigkeit und geringen Wartungskosten.

Kategorie: Fortgeschrittenentrainer und leichtes Kampfflugzeug, Crew 2
Bewaffnung: Ein Kanonenbehälter Kaliber 20 bis 30 mm und an vier externen Waffenstationen max. 3000 kg diverse Waffen.
Antrieb: (Mk.60): Ein Mantelstromtriebwerk Rolls-Royce Adour 861 mit 25,5 kN Standschub, kein Nachbrenner.
Hersteller: British Aerospace, Werk Warton, Großbritannien.
Erstflug: 21.08.1974 / **Preis** ~ 20 Mio. US-$ / **Prod. Maschinen** 375
Photo: (BAe): Hawk 60

Daten der Hawk 60
Spannweite 9,39 m, Länge 11,86 m, Höhe 3,98 m, Flügelfläche 16,70 m². Leermasse 4000 kg, Startmasse 6500 kg, mit Überlast 8500 kg, Treibstoff intern 1655 l, extern 1182 l.
Höchstgeschwindigkeit 1009 km/h (Mach 0,82), Landegeschwindigkeit 200 km/h, Dienstgipfelhöhe 14 000 m, max. Steigleistung 60 m/s, Startrollstrecke 700 m, Überführungsreichweite 2900 km, Einsatzradius mit 2000 kg Waffen etwa 250 km, Treibstoffverbrauch 650 l/h.

BRITISH AEROSPACE HAWK 100/200   Großbritannien

Das bewährte Muster *Hawk* wurde von British Aerospace laufend technologisch aufgewertet und es wird gegenwärtig in den Varianten *Hawk 100* sowie *Hawk 200* angeboten. Die Variante *Hawk 100* entstand auf der Basis der *Hawk 60* und sie unterscheidet sich von der Vorgängervariante durch das stärkere Triebwerk Adour 871, einer stärkeren Zelle für 9100 kg Startmasse, einem verlängerten Rumpfbug für die Instalation von fortschrittlichen Infrarot- oder Lasersensoren, und einem Tragflügel mit gesteuerten Klappen für eine bessere Manövrierfähigkeit sowie geänderten Flügelspitzen für die Unterbringung von je einer Luft-Luft-Lenkwaffe. Ferner wurde die Flug- und Kampfavionik erheblich modernisiert. Neben dem Training kann die *Hawk 100* für die Luftverteidigung, für den Erdkampf und die Aufklärung eingesetzt werden. Auf der Farnborough Air Show 1998 wurde die Variante *Hawk 100 LIFT* vorgestellt, sie beinhaltet eine Cockpit mit Bildschirmanzeigen (Glas-Cockpit) nach dem Vorbild von neuesten Kampffflugzeugen und eine Up-to-Date Avionik. LIFT steht für Lead-in Fighter Training und diese Variante ist für die Schulung von Piloten für Jagdflugzeuge ausgestattet. Die *Hawk 100* wurde 1993 erstmals ausgeliefert und die Kunden sind die Luftwaffen von Australien (38), Malaysia (10), Saudi Arabien (50), Südafrika (12), Oman (4) und den Vereinigten Arabischen Emiraten mit 18 Einheiten. Für die Rolle des leichten, einsitzigen Mehrzweckkampfflugzeuges entstand die Variante *Hawk 200*, die seit April 1987 in der Erprobung steht. Für efektive und vielseitige Kampfhandlungen besitzt diese Variante eine neue, kompakte Kampfavionik und Kernstück des Waffenleitsystems ist das Kampfradar Westinghouse AN/APG-66H. Extern unterscheidet sich der *Hawk 200* von dem *Hawk 100* durch den um etwa einen Meter kürzeren Rumpf und die einsitzige Cockpit. Rechts neben der Cockpit befindet sich eine einziebare Sonde für die Luftbetankung. Ab 1993 kauften die Luftwaffen von Malaysia 16 und die von Oman 12 *Hawk 200*.

Kategorie:	Trainer und Mehrzweckkampfflugzeug, Crew 1 bis 2.
Bewaffnung:	Kanonenbehälter unter dem Rumpf für 1 bis 2 Kanonen Kaliber 25 mm und max. 3000 kg Waffen an 6 Flügelstationen.
Antrieb:	Ein Mantelstromtriebwerk Rolls-Royce Adour 871 mit 26 kN Standschub, kein Nachbrenner.
Hersteller:	British Aerospace Systems, Werk Warton, Großbritannien.
Erstflug:	24.04.1987 / **Preis** ~ 25 Mio. US-$ / **Prod. Maschinen** 160
Photo:	(BAe): Zwei Hawk 200.

Daten der Hawk 200

Spannweite 9,94 m, Länge 11,34 m, Höhe 3,98 m, Flügelfläche 16,70 m². Leermasse 4450 kg, Startmasse 8500 kg, mit Überlast 9100 kg, Treibstoff intern 1705 l, extern 1182 l.
Höchstgeschwindigkeit 1009 km/h (Mach 0,82), Landegeschwindigkeit 200 km/h, Dienstgipfelhöhe 14 600 m, max. Steigleistung 62 m/s, Startrollstrecke 750 m, Überführungsreichweite 2900 km, Einsatzradius mit 1000 kg Waffen 350 km, Treibstoffverbrauch 650 l/h.

BRITISH AEROSPACE NIMROD 2000   Großbritannien

Zwischen 1969 bis 1973 beschaffte die britische Royal Air Force 38 Einheiten von dem maritimen Aufklärungs- und Kampfflugzeug *Nimrod MR2,* die auf der Basis Kinloss in Schottland stationiert wurden. Die Zelle und der Antrieb der *Nimrod MR2* stammen weitgehend von dem ehemaligen Düsenverkehrsflugzeug de *Havilland Comet.* Im Jahre 1989 bekam British Aerospace den Auftrag zur Entwicklung einer modernisierten Variante für die Einsatzbedingungen im 21. Jahrhundert. Im Dezember 1996 erhielt BAe unter der Projektbezeichnung *MRA4* den Auftrag zur Umrüstung von 21 existierenden *MR2* auf den Standard *Nimrod 2000,* Kostenpunkt etwa 2,5 Milliarden Pfund Sterling. Neben BAe als Hauptauftragnehmer, sind an dem Projekt etwa 200 weitere Firmen beteiligt. Ab 2000 werden jährlich etwa fünf *MR2* ausgemustert und bis auf den Rumpf werden alle restlichen Bauteile verschrottet. Für die *Nimrod 2000* wird der ursprügliche Rumpf grundüberholt, er bekommt eine fortschrittliche Aufklärungselektronik, ein Waffenleitsystem und eine moderne Zweimann-Glas-Cockpit. Der Flügel ist eine Neukonstruktion mit 3,7 m mehr Spannweite gegenüber der *MR2* und grösseren Triebwerkkanälen. Für den Antrieb der *Nimrod 2000* verwendet man vier moderne Mantelstromtriebwerke des Typs BMW/Rolls-Royce BR710, die für die Einsatzbedingungen in der salzhaltigen Seeluft modifiziert werden. Die umfangreiche Elektronik wird von 9 bis 11 Offizieren bedient. Die Bewaffnung besteht aus konventionellen oder nuklearen Tiefenbomben, Torpedos oder Luft-Luft-Lenkwaffen zur Selbstverteidigung, sie sind in einem Bombenschacht im Rumpf und an vier Stationen unter dem Flügel untergebracht. Der Erstflug mit der *Nimrod 2000* ist für das Frühjahr 2000 geplant und ab Dezember 2001 soll die erste Maschine unter den Einsatzbedingungen bei der RAF getestet werden. Ab Frühjahr 2003 will man die volle Einsatzreife erreicht haben und bis zum Sommer 2006 sollen alle 21 Maschinen im Dienst stehen.

Kategorie:	Maritimes Überwachungs- und Kampfflugzeug, Crew 11.
Bewaffnung:	Konventionelle oder nukleare Tiefenbomben, Torpedos oder Lenkwaffen bis zu einer Gesamtmasse von etwa 9000 kg.
Antrieb:	Vier Mantelstromtriebwerke BMW/Rolls-Royce BR710 mit je 65 kN Standschub, keine Nachbrenner.
Hersteller:	British Aerospace Systems, Großbritannien.
Erstflug:	2000 / **Preis** ~ 200 Mio. US-$ / **Prod. Maschinen** 2
Photo:	(BAe): Fotomontage der Nimrod 2000.

Daten der Nimrod 2000
Spannweite 38,72 m, Länge 38,65 m, Höhe 9,15 m, Flügelfläche 236,09 m².
Leermasse 46 500 kg, Startmasse 85 000 kg, mit Überlast 93 000 kg, Treibstoff 35 000 l.
Höchstgeschwindigkeit 900 km/h, Landegeschwindigkeit 220 km/h, Dienstgipfelhöhe 12 805 m, max. Steigleistung 11 m/s, Startrollstrecke 1900 m, Überführungsreichweite 9600 km, max. Flugdauer über 15 Stunden, Treibstoffverbrauch 3000 l/h.

CASA C-212 AVIOCAR   Spanien

Ende der 60er Jahre begann die spanische Flugzeugfirma Casa mit den Projektarbeiten für ein modernes Turboprop-Mehrzweckflugzeug, das bei den einheimischen Streitkräften die veralterten Muster Douglas DC-3 sowie Junkers Ju-52 ablösen sollte. Die Projektvorgaben lauteten für ein robustes Mehrzweckflugzeug mit 2000 kg Nutzmasse und einer einfachen Bauweise für den universellen Einsatz unter allen klimatischen Bedingungen sowie einem Minimum an Wartungsaufwand. Im März 1971 begann die Flugerprobung mit den beiden Prototypen *XT-12* und ab dem Frühjahr 1974 erhielten die spanischen Streitkräfte unter der Typenbezeichnung *T-12 Aviocar* insgesamt 90 Einheiten. Die *T-12* hatte anfangs eine max. Startmasse von 5670 kg und 2000 kg Nutzmasse, später wurden die Massen auf 6300 kg bzw. 2300 kg angehoben. Für den Export bekam das Muster die Typenbezeichnung *C-212M Aviocar*, die Basisvariante *C-212-100M* hat eine max. Startmasse von 6300 kg und 2300 kg Nutzmasse. Während der langen Serienproduktion bis zur Gegenwart, wurde die Transportkapazität und die Flugleistungen des Musters schrittweise gesteigert. Ab dem Jahr 1979 kam die Variante *C-212-200M* auf den Markt, sie hat eine verstärkte Zelle sowie Fahrwerk, stärkere Motoren und ein größeres Leitwerk, max. Startmasse 7300 kg und 2500 kg Nutzmasse. Die aktuelle Variante ist die seit April 1997 gebaute *C-212-400M* mit 8100 kg Startmasse und 2950 kg Nutzmasse. Für SAR- und Überwachungseinsätze wird die Variante *C-212 Patrullero* geliefert. Die Kabine der Aviocar ist 6,6 m lang, 2,1 m breit und 1,8 m hoch, sie kann entweder 26 Soldaten oder 12 liegende Verwundete oder Fahrzeuge aufnehmen. Von der Aviocar wurden etwa 450 Einheiten weltweit ausgeliefert, davon etwa 150 für zivile Zwecke, und in Indonesien baute das Unternehmen IPTN knapp 100 Einheiten in Lizenz. Casa wurde 1923 als staatliches Unternehmen gegründet, um Flugzeuge für die einheimischen Streitkräfte zu produzieren, hauptsächlich Lizenzprodukte.

Kategorie:	Leichtes Mehrzwecktransportflugzeug, Crew 2.
Bewaffnung:	Keine
Nutzmasse:	26 Soldaten oder 12 Verwundete oder max. 2,95 t Fracht.
Antrieb:	(C212-400): Zwei Propellerturbinen AlliedSignal TPE331-12JR-710C mit je 821 kW Startleistung.
Hersteller:	Casa, Construcciones Aeronauticas SA, Spanien.
Erstflug:	26.03.1971 / **Preis** ~ 4 Mio. US-$ / **Prod. Maschinen** 450
Photo:	(Casa): C-212M der portugisischen Streitkräfte

Daten der C-212-400

Spannweite 20,40 m, Länge 16,15 m, Höhe 6,60 m, Flügelfläche 41,50 m².
Leermasse 4600 kg, Startmasse 8100 kg, Treibstoff intern 2100 l,
extern 1000 l.
Höchstgeschwindigkeit 362 km/h, Landegeschwindigkeit 145 km/h, Dienstgipfelhöhe 7600 m, max. Steigleistung 9 m/s, Startrollstrecke 450 m, Überführungsreichweite 1900 km, Reichweite mit 2000 kg Nutzmasse 1250 km, Treibstoffverbrauch 350 l/h.

CASA C-101 AVIOJET   Spanien

Im Jahr 1975 erhielt Casa von der spanischen Luftwaffe den Auftrag für die Entwicklung eines modernen Jettrainers zur Ablösung des etwa 20 Jahre alten Vorgängermusters *HA-200 Saeta*. Das Projekt bekam die Typenbezeichnung *C-101 Aviojet* und bei der Entwicklung leisteten die Firmen *MBB* aus Deutschland sowie *Northrop* aus den USA fachliche Unterstützung. Für Casa war es der erste Entwurf eines Düsenflugzeuges, das in die Serienproduktion ging.

Die einmotorige *C-101* hat das für diese Flugzeugkategorie typische Layout mit zwei Tandemsitzen, wobei der hintere Sitz des Fluglehrers leicht erhöht ist, um die Sichtverhältnisse nach vorne zu verbessern. Das Cockpit ist druckbelüftet und mit zwei Schleudersitzen ausgerüstet. Neben der Einsatzrolle als Trainer wurde das Muster von Anfang an auch als leichtes Erdkampfflugzeug ausgelegt, für diesen Zweck hat es sechs Waffenstationen unter dem Tragflügel für insgesamt 1820 kg Bomben oder Lenkwaffen.

Nach einer problemlosen Flugerprobung, die im Juni 1977 begann, kam das Muster ab 1980 bei der spanischen Luftwaffe zum Einsatz und es wurden insgesamt 95 Einheiten beschafft. Die Luftwaffe Chiles erwarb 37 Einheiten von dem Aviojet unter der Typenbezeichnung *A-36 Halcon,* sie wurden alle von der Firma Enaer in Santiago de Chile endmontiert. Weitere Abnehmer des Musters waren die Streitkräfte von Honduras mit 4 Einheiten und von Jordanien mit 16 Einheiten. Die Produktion umfaßte die Varianten *C-101CC, C-101BB* sowie *C-101EB,* die gegenwärtig fortschrittlichste Version ist die *C-101DD.* Letztere besitzt ein integriertes Navigations- und Angriffssystem sowie ein fortschrittliches Head-up Display. Für die Variante *C-101DD* gab es bis dato noch keine Bestellungen. Im Jahr 1972 übernahm Casa die zweite Flugzeugfirma des Landes Hispano-Aviation, und Ende 1999 wurde Casa Bestandteil des europäischen Luftfahrt- und Rüstungskonzerns *EADS.*

Kategorie:	Fortgeschrittenentrainer und leichtes Kampfflugzeug, Crew 2.
Bewaffnung:	Kanonenbehälter Kaliber 30 mm mit 130 Schuß unter dem Rumpf und max. 1820 kg Waffen an 6 Flügelstationen.
Antrieb:	Ein Mantelstromtriebwerk AlliedSignal TFE-731-5 mit 20,90 kN Standschub, kein Nachbrenner.
Hersteller:	CASA – Construcciones Aeronauticas, SA, Spanien.
Erstflug:	25.06.1977 / **Preis** ~ 13 Mio. US-$ / **Prod. Maschinen** 152
Photo:	(Casa): C-101 der spanischen Luftwaffe

Daten der C-101CC

Spannweite 10,60 m, Länge 12,50 m, Höhe 4,25 m, Flügelfläche 20,00 m². Leermasse 3470 kg, Startmasse 5600 kg, mit Überlast 6300 kg, Treibstoff intern 2275 l.

Höchstgeschwindigkeit 833 km/h (Mach 0,77), Landegeschwind. 170 km/h, Dienstgipfelhöhe 13 415 m, max. Steigleistung 32,5 m/s, Startrollrollstrecke 560 m, Überführungsreichweite 3200 km, Einsatzradius mit 1000 kg Waffen 500 km, Treibstoffverbrauch 425 l/h.

CASA C-295M   Spanien

Nach dem weltweiten Erfolg mit dem Transportflugzeug *CN-235M*, begann Casa im Herbst 1996 mit der Entwicklung des größeren Musters *C-295M*. Vorausgegangen war eine weltweite Marktanalyse für ein Muster mit etwa 10 000 kg Nutzmasse für den Einsatz als Militär- oder Zivilflugzeug. Im Prinzip ist die *C-295M* eine vergrößerte Ausführung aus dem Vorgängermuster mit etwa 50% mehr Transportkapazität und 10 000 kg Nutzmasse. Der Rumpf der *C-295M* erhielt gegenüber der *CN-235M* eine Verlängerung um 3 m und er bietet Platz für 69 ausgerüstete Soldaten, oder 27 Tragbaren für Verwundete. Unter dem Flügel befinden sich sechs Aufhängevorrichtungen mit einer Tragfähigkeit von 300 kg bis 800 kg und die Tankkapazität wurde um 2380 l gesteigert. Für die höhere Startmasse von 23 200 kg waren Verstärkungen an der Zelle sowie an dem Fahrwerk not wendig. Für den Antrieb verwendet man zwei Propellerturbinen des Typs Pratt & Whitney Canada *PW127G* mit je 1944 kW Startleistung, ausgerüstet mit fortschrittlichen, lärmarmen Sechsblatt-Luftschrauben der Marke Hamilton Standard. Als Option kann die *C-295M* mit einer Anlage zur Betankung in der Luft ausgerüstet werden. Mit der Flugerprobung der *C-295M* wurde im Dezember 1998 in Sevilla begonnen und Anfang des Jahres 2000 erzielte man die Musterzulassung.

Als erster Abnehmer des Musters erhält die Luftwaffe Spaniens ab Ende 2000 neun Maschinen. Weitere Abnehmer für die *C-295M* erwartet man bei den Streitkräften, die bereits mit der *CN-235M* ausgestattet sind und ein größeres, baugleiches Ergänzungsmuster benötigen. In ihrer Kategorie hat die *C-295M* gegenwärtig kein Konkurrenzmuster, was den Absatz dieses Flugzeuges aus Spanien begünstigt. Casa feierte 1998 sein 75jähriges Firmenjubiläum und das Unternehmen ist neben den eigenen Produkten als Unterauftragnehmer an zahlreichen anderen Flugzeugproduktionen beteiligt. Im Dezember 1999 trat Casa dem europäischen Luftfahrt- und Rüstungskonzern *EADS* bei.

Kategorie:	Transportflugzeug für Kurz- und Mittelstrecken, Crew 2.
Bewaffnung:	keine
Nutzmasse:	9700 kg oder 69 ausgerüstete Soldaten.
Antrieb:	Zwei Propellerturbinen Pratt & Whitney PW127G mit je 1944 kW Startleistung.
Hersteller:	CASA, Construcciones Aeronauticas S.A./EADS, Spanien.
Erstflug:	22.12.1998 / **Preis** ~ 25 Mio. US-$ / **Prod. Maschinen** 3.
Photo:	(Casa): Prototyp der C-295M, im Hintergrund CN-235.

Daten der C-295M

Spannweite 25,81 m, Länge 24,46 m, Höhe 8,65 m, Flügelfläche 59,10 m². Leermasse 9700 kg, Startmasse 23 200 kg, Treibstoff 7645 l. Höchstgeschwindigkeit 485 km/h, Landegeschwindigkeit 180 km/h, Dienstgipfelhöhe 7620 m, max. Steigleistung 9 m/s, Startrollstrecke 700 m, Überführungsreichweite 5250 km, Reichweite mit max. Nutzmasse von 9700 kg 1400 km, Treibstoffverbrauch 580 l/h.

Anfang der 70er Jahre begann die VR China mit dem Nachbau des bekannten russichen Jagdflugzeuges *Mig-21*. Produziert wurde das Muster unter der Typenbezeichnung *J-7* in dem Werk Chengdu Aircraft Corporation – CAC. Die *J-7* ist gegenüber der ursprünglichen *Mig-21* für die Einsatzbedingungen bei den Streitkräften in der VR China angepasst worden, und sie hat z. T. auch modernere Betriebssysteme. Wegen der strengen Geheimhaltung von Rüstungsprojekten in der VR China, sind auch von der *J-7* keine genauen Produktionszahlen erhältlich, sie werden von internationalen Nachrichtendiensten auf 250 bis 300 Einheiten geschätzt. Genauer bekannt ist dagegen die Zahl der exportierten Einheiten, sie beträgt etwa 320 Maschinen.

Für den Export entwickelte CAC die Hauptversion *F-7*, von der wiederum eine ganze Reihe von Untervarianten nach den jeweiligen Einsatzbedingungen oder Wünschen der Abnehmer entstanden. Die aktuellste Variante ist die *F-7M Airguard*, von der CAC genaue Leistungsdaten veröffentlicht hat und die immer noch angeboten wird. Gegenüber den Vorgängervarianten, hat die *F-7M* eine gesteigerte Waffenzuladung von 1800 kg an fünf externen Aufhängepunkten, und ferner eine aufgewertete Flug- und Kampfavionik die z. T. von westlichen Herstellern stammt.

Wie die Bezeichnung schon andeutet, ist die F-7M Airguard primär für den Einsatz als Jagdflugzeug ausgerüstet, aber sie kann alternativ auch gegen Bodenziele eingesetzt werden, wobei sie dann mit Bomben oder Raketenwerfern ausrüstbar ist. Für Trainingszwecke entstand die doppelsitzige Variante *FT-7*. Zu den Exportländern der F-7/FT-7 zählen Ägypten, Albanien, Bangladesch, Iran, Irak, Pakistan, Tansania und Sri Lanka. Bei einem Kaufpreis von schätzungsweise 10 Mio. US-$ ist die F-7M das preisgünstigste Mach 2-Jagdflugzeug der Gegenwart.

Kategorie: Jagdflugzeug und Mehrzweckkampfflugzeug, Crew 1.
Bewaffnung: Ein Waffenbehälter mit einer doppelläufigen Kanone Kal. 23 mm, 4 Luft-Luft-Lenkwaffen, oder Bomben bis max. 1800 kg.
Antrieb: Ein Strahltriebwerk WP-7B mit 43,2 kN ohne, und 59,9 kN Standschub mit Nachbrenner.
Hersteller: Chengdu Aircraft Corporation, Werk Chengdu, VR China.
Erstflug: ca. 1970 / **Preis** ca. 10 Mio. US-$ / **Prod. Maschinen** ~ 650.
Photo: (CAC) Trainervariante FT-7M

Daten der F-7M
Spannweite 7,15 m, Länge 14,87 m, Höhe 4,11 m, Flügelfläche 23,00 m². Leermasse 5300 kg, Startmasse 8500 kg, mit Überlast 9500 kg, Treibstoff intern 3300 l, extern 720 l.
Höchstgeschwindigkeit 2250 km/h (Mach 2,05), Landegeschwindigkeit 305 km/h, Dienstgipfelhöhe 17 700 m, max. Steigleistung 275 m/s, Startrollstrecke 500 m, Überführungsreichweite 1450 km, Einsatzradius mit 1000 kg Waffen 400 km, Treibstoffverbrauch 1900 l/h.

DASA MAKO   Deutschland

Bei der DaimlerChrysler Aerospace (DASA) in Deutschland steht seit geraumer Zeit das Projekt eines modernen, leichten Militärjets im Entwicklungsstadium. Das Projekt trägt den Namen *„Mako"* und das Endergebnis soll ein leichtes Kampfflugzeug sowie Trainer werden, der eine Höchstgeschwindigkeit von rund Mach 1,5 erreichen wird. Für die Trainervariante ist eine Höchstflugmasse von 7630 kg vorgesehen, während die einsitzige Kampfvariante etwa 9000 kg wiegen wird. In dieser Gewichts- und Leistungsklasse gibt es Gegenwärtig nur die in die Jahre gekommene Baureihe *Northrop F-5/T-38* aus den USA, von der bis 1967 über 3000 Maschinen gebaut wurden und von der heute noch rund 2000 Maschinen im Einsatz stehen. Spätestens in rund zehn Jahren wird diese Baureihe einen Ersatz benötigen. Der *Mako* entspricht größen- und gewichtsmäßig weitgehend der *F-5*, lediglich seine Triebwerkleistung ist erheblich stärker. Der *Mako* hat ein recht konventionelles Aussehen, mit einem trapezförmigen Flügel, zwei Lufteinläßen für das Triebwerk seitlich des Rumpfes und je nach Variante eine einsitzige oder zweisitzige Cockpitausrüstung. Das Cockpit erhält drei Farbdisplays (LCD's), ein Head-up-Display und dem Piloten wird die neueste Avionik von größeren Kampfflugzeugen zur Verfügung stehen. Die Steuerung erhält ein Fly-by-Wire-System und die Zelle wird für Belastungen von +9g/-3g ausgelegt, ein Wert der auch bei größeren Kampfflugzeugen üblich ist. Als Kampfflugzeug bekommt der *Mako* sieben externe Waffenstationen für max. 3000 kg Zuladung. Die Ausrüstung umfaßt neben der Bordkanone eine weite Bandbreite von Lenkwaffen oder Bomben. Nach den gegenwärtigen Plänen soll der *Mako* im Jahr 2005 mit den Flugtests beginnen und ab 2007 wäre die Serienreife möglich. Bei der DASA ist man bemüht für das Mako-Projekt einen ausländischen Partner zu finden, wie es heute, wegen der hohen Investitionen, bei ähnlichen Projekten üblich ist. Die Projektkosten bis zur Serienreife werden auf rund eine Milliarde € geschätzt.

Kategorie: Trainer und leichtes Kampfflugzeug, Crew ein bis zwei.
Bewaffnung: Eine Bordkanone Kal. 27 mm und vier Luft-Luft-Lenkwaffen
                oder andere Waffen bis 3000 kg Gesamtmasse.
Antrieb: Ein Mantelstromtriebwerk, wahrscheinlich Eurojet EJ200 mit
                75 kN ohne und 90 kN mit Nachbrenner.
Hersteller: DaimlerChrysler Aerospace/Dasa, Deutschland.
Erstflug: etwa 2005 / **Preis** ~ 25 Mio. € / **Prod. Maschinen** keine
Photo: (Dasa): Modellfoto des Mako.

Daten des Mako (geschätzt)
Spannweite 8,0 m, Länge 13,75 m, Höhe 4,5 m, Flügelfläche 20,00 m².
Leermasse 5400 kg, Startmasse 7630 kg, mit Überlast 9150 kg,
Treibstoff intern 2500 l, extern 3750 l.
Höchstgeschwindigkeit 1700 km/h (Mach 1,5), Landegeschwindigkeit
250 km/h, Dienstgipfelhöhe 16 000 m, max. Steigleistung 185 m/s,
Startrollstrecke 400 m, Überführungsreichweite 4200 km, Einsatzradius
mit 750 kg Waffen 450 km, Treibstoffverbrauch 1300 l/h.

DASSAULT ATLANTIC International

Der Hochseeaufklärer und U-Bootjäger Atlantic entstand ende der 50er Jahre als gemeinsames Projekt der NATO-Länder Belgien, Deutschland, Frankreich, Italien und der Niederlande. Im Jahr 1959 wurde ein gemeinsames Kooperationsabkommen unterzeichnet und die Projektleitung hatte die damalige französische Flugzeugfirma Breguet Aviation. Auf deutscher Seite beteiligte sich die Firma Dornier, die für den Bau des hinteren Rumpfteiles sowie des Leitwerks zuständig war.

Das Projekt bekam die Typenbezeichnung *Breguet 1150 Atlantic* und der Erste von drei Prototypen begann im Herbst 1961 mit den Flugtests. Im Juli 1965 begann die Auslieferung der *Atlantic* an die jeweiligen Partnerländer, Frankreich war mit 40 Einheiten der größte Abnehmer, gefolgt von Deutschland mit 20, Italien mit 18, die Niederlande mit 9 und Pakistan mit 3 Einheiten. Bis 1974 waren alle *Atlantic* der ersten Generation ausgeliefert. Die Niederlande trennten sich bis 1985 von der *Atlantic* zu Gunsten der amerikanischen *P-3 Orion*. Im Mai 1981 begann die Flugerprobung mit der aufgewerteten Variante ANG - *Atlantic Novelle Generation*, die später die Typenbezeichnung *Atlantic 2* erhielt. Gegenüber der Basisversion hat die neue Variante eine ganz neue Aufklärungs- und Navigationsavionik mit erheblich besseren Leistungen. Die französische Marine wollte mit der *Atlantic 2* ursprünglich alle 40 Basismaschinen ersetzen, aber wegen Etatkürzungen wurden nur 28 Maschinen bewilligt. Die *Atlantic 2* kam ab 1991 in den Einsatz und die 28. Maschine wurde 1997 ausgeliefert. Bei der deutschen Marine werden die 19 verbliebenen *Atlantic* schrittweise elektronisch aufgewertet und sie sollen bis etwa 2010 im Dienst bleiben. Die *Atlantic* hat einen druckbelüfteten Rumpf für seine 10-12 Besatzungsmitglieder. Der Waffenschacht hat ein Volumen von 32 m³ und bietet Platz für acht Torpedos oder für andere Waffen. Unter dem Flügel befinden sich vier Aufhängepunkte für total 3500 kg Waffen.

Kategorie: Marinepatroilenflugzeug und U-Bootjäger, Crew 10-12.
Bewaffnung: Acht Torpedos, diverse Lenkwaffen oder Tiefenbomben bis zu einer Gesamtmasse von 3500 kg.
Antrieb: Zwei Propellerturbinen Rolls-Royce Tyne Mk.21 mit je 4551 kW Startleistung.
Hersteller: Dassault Aviation und Partnerfirmen, Frankreich.
Erstflug: 21.10.1961 / **Preis** ~ 60 Mio. US-$ / **Prod. Maschinen** 118
Photo: Dassault / eine Atlantic 2 der französischen Marine.

Daten der Atlantic 2
Spannweite 37,45 m, Länge 32,63 m, Höhe 11,30 m, Flügelfl. 120,00 m². Leermasse 25 700 kg, Startmasse 44 200 kg, mit Überlast 46 200 kg, Treibstoff 23 125 l.
Höchstgeschwindigkeit 646 km/h, Landegeschwindigkeit 165 km/h, Dienstgipfelhöhe 9800 m, max. Steigleistung 10 m/s. Startrollstrecke 1700 m, Überführungsreichweite 9000 km, Einsatzradius mit 3500 kg Waffen, Treibstoffverbrauch 1400 l/h.

DASSAULT MIRAGE F1   Frankreich

Das französische Mehrzweckkampfflugzeug *Mirage F1* steht seit über 25 Jahren im Einsatz und zur Jahrtausendwende waren noch etwa 700 Maschinen in zehn Ländern im Dienst. Das Projekt *Mirage F1* entstand Anfang der 60er Jahre auf Initiative der Firma Dassault Aviation mit finanzieller Unterstützung von diversen Zulieferfirmen. Der Rumpf der *F1* basiert weitgehend auf dem von der *Mirage III*, während der Tragflügel eine konventionelle Auslegung bekam mit einer Pfeilung um 48 Grad. Damit wurde die *F1* das einzige Mirage-Muster ohne Deltaflügel. Der Prototyp der *F1* begann im Dezember 1966 mit der Flugerprobung und im September 1969 bestellte die französische Luftwaffe die Ersten 30 Maschinen von der Basisvariante *F1A*. Am 14. Mai 1973 begann die Auslieferung dieser Maschinen und die Luftwaffe Frankreichs kaufte insgesamt 270 *F1* in verschiedenen Varianten. Die Luftwaffe von Qatar war 1981 der erste Exportkunde der *F1* mit 14 Maschinen. Neben der Basisvariante umfaßte die Produktion fünf weitere Hauptvarianten: *F1C* als ein Allwetter-Luftüberlegenheitsjäger, *F1E* als Mehrzweckmuster für den Luft- und Erdkampf, *F1B* als Zweisitzer von der *F1C*, *F1D* als Zweisitzer von der *F1E* und die *F1R* als bewaffneter Luftaufklärerer. Nach dem Bau von 760 Maschinen endete die Produktion der *F1* im Jahr 1989, die Exportkunden mit den jeweils gekauften Maschinen waren: Ecuador 18, Griechenland 40, Irak 135, Jordanien 36, Kuwait 34, Libyen 38, Marokko 50, Qatar 14, Spanien 95 und Südafrika 50. In Südafrika ist die *F1* nicht mehr im Einsatz. Die *F1* zählt heute zu der älteren Generation von Kampfflugzeugen, aber Dank ihrer guten Flugleistungen mit einer Spitzengeschwindigkeit von Mach 2,2 sowie einer exzellenten Wendigkeit wird sie vermutlich noch weitere 10 bis 15 Jahre im Dienst bleiben. Die Waffen werden an 7 externen Stationen befördert. Im Jahr 1998 erwarb der mehrheitlich staatliche französische Luftfahrtkonzern Aerospatiale Matra 47,7 % der Aktien von der Privatfirma Dassault Aviation.

Kategorie:	Mehrzweckkampfflugzeug, Crew 1 bis 2,
Bewaffnung:	Zwei Bordkanonen Kal. 30 mm mit jeweils 135 Schuß, 4 Luft-Luft-Lenkwaffen oder andere Waffen bis total 6300 kg.
Antrieb:	Ein Mantelstromtriebwerk Snecma Atar 9K50 mit 48,9 kN ohne, und 70,2 kN Standschub mit Nachbrenner.
Hersteller:	Dassault Aviation, Werk Bordeaux, Frankreich.
Erstflug:	23.12.1966 / **Preis** ~ 30 Mio. US-\$ / **Prod. Maschinen** 760.
Photo:	(Sirpa Air): F-1CT der französischen Luftwaffe

Daten der F1C

Spannweite 8,40 m, Länge 15,30 m, Höhe 4,50 m, Flügelfläche 25,00 m². Leermasse 7400 kg, Startmasse 14 900 kg, mit Überlast 16 200 kg, Treibstoff intern 4300 l, extern 4460 l.
Höchstgeschwindigkeit 2350 km/h (Mach 2,2), Landegeschwind. 250 km/h, Dienstgipfelhöhe 16 000 m, max. Steigleistung 260 m/s. Startrollstrecke 550 m, Überführungsreichweite 3300 km, Einsatzradius mit 2000 kg Waffen 750 km, Treibstoffverbrauch 2400 l/h.

Der *Alpha Jet* ist ein Fortgeschritenentrainer und ein leichtes Erdkampfflugzeug und seine Entwicklung begann vor 30 Jahren. Es war ein binationales Projekt zwischen Deutschland und Frankreich mit jeweils 50% Anteil an der Entwicklung und zwei Fertigungsstraßen in beiden Ländern. Die beteiligten Firmen waren Dornier auf deutscher Seite sowie Dassault-Breguet auf französischer Seite und beim Programmstart Anfang der 70er Jahre lagen von den Luftstreitkräften Deutschlands und Frankreichs jeweils 175 Bestellungen vor. Der erste Prototyp des *Alpha Jets* begann im Oktober 1973 mit der Flugerprobung, die nach etwa drei Jahren abgeschlossen war. Wegen diverser, politischer Unstimmigkeiten verzögerte sich die Auslieferung der ersten Serienmaschinen bis zum Frühjahr 1979. Im Januar 1983 bekam die deutsche Luftwaffe den Letzten,175. *Alpha Jet* ausgeliefert, damit war auch gleichzeitig das Projekt für Dornier offiziell beendet. Später beteiligte sich jedoch die Firma noch an dem Bau von Exportmaschinen, die für Länder bestimmt waren, für die es von deutscher Regierungsseite kein Waffenembargo gab. Die Exportkunden des *Alpha Jets* mit der jeweiligen Anzahl der Maschinen sind: Ägypten 45, Belgien 33, die Elfenbeinküste 7, Kamerun 7, Marokko 24, Niger 24, Qatar 6 und Togo 7. Nach der Ausmusterung bei der deutschen Luftwaffe übergab man 50 Maschinen kostenlos an die Luftwaffe Portugals, und für etwa 100 weitere Maschinen suchte man zur Jahrtausendwende noch Abnehmer. Neben der Basisversion, entstand 1983 die fortgeschrittene Variante *Alpha Jet 2*, sie beinhaltet das schubstärkere Triebwerk LARZAC 04 C20 mit 13,2 kN Standschub und eine aufgewertete Avionik für anspruchsvollere Kampfmissionen. Von dieser Variante wurden 15 Maschinen an Ägypten und 6 an Kamerun ausgeliefert. Der *Alpha Jet 2* steht heute bei Dassault immer noch im Angebot, doch es ist unwahrscheinlich, daß sich für dieses Muster noch ein Abnehmer findet, da es auf dem Weltmarkt modernere Muster im Angebot gibt.

Kategorie:	Fortgeschrittenentrainer und Erdkampfflugzeug, Crew 2.
Bewaffnung:	Eine Bordkanone Kal. 27 oder 30 mm mit 135 Schuß und diverse Waffen bis 2500 kg an 4 Flügelstationen.
Antrieb:	Zwei Mantelstromtriebwerke LARZAC 04 C20 mit je 13,19 kN Standschub, keine Nachbrenner.
Hersteller:	Dassault/Frankreich und Dornier/Deutschland.
Erstflug:	26.10.1973 / **Preis** ~ 10 Mio. US-$ / **Prod. Maschinen** 505.
Photo:	(Dassault): Alpha Jet der französischen Luftwaffe.

Daten Alpha Jet 2

Spannweite 9,10 m, Länge 12,30 m, Höhe 4,20 m, Flügelfläche 17,50 m². Leermasse 3500 kg, Startmasse 5000 kg, mit Überlast 7500 kg, Treibstoff intern 2070 l, extern 2150 l.
Höchstgeschwindigkeit 1000 km/h (Mach 0,85), Landegeschwin. 205 km/h, Dienstgipfelhöhe 14 600 m, max. Steigleistung 55 m/s. Startrollstrecke 500 m, Überführungsreichweite 2700 km, Einsatzradius mit 1000 kg Waffen 950 km, Treibstoffverbrauch 1200 l/h.

DASSAULT MIRAGE 2000　　　　　Frankreich

Die französischen Kampfflugzeuge der Marke *Mirage* stehen seit über 35 Jahren in etwa 25 Ländern weltweit im Einsatz, und das äußere Merkmal dieser erfolgreichen Baureihe, ist mit Ausnahme des Musters *F1*, der deltaförmige Tragflügel. Insgesamt etwa 2500 Maschinen der Muster Mirage *3/IV/5/50/F1* und *2000* wurden bis zur Jahrtausendwende ausgeliefert.
Mitte der 70er Jahre begann Dassault mit der Entwicklung des neuesten Mirage-Musters *Mirage 2000*. Die *Mirage 2000* hat zwar äußerlich eine erhebliche Ähnlichkeit mit ihren Vorgängermustern, aber sie stellt ein ganz neues Flugzeug dar, mit einer fortschrittlichen Aerodynamik, modernsten Bauwerkstoffen, einer Fly-by-wire-Technologie und der aktuellsten Digital-Avionik für den effektiven Flug- und Kampfeinsatz. Für den Antrieb des neuen Musters entwickelte die französische Triebwerkfirma Snecma das fortschrittliche Nachbrennertriebwerk *M53*, das für hohe Geschwindigkeiten in allen Flughöhen optimiert ist. Im Juli 1984 war das erste Mirage-2000-Geschwader bei der Luftwaffe Frankreichs einsatzbereit, das Muster ist heute der Standardabfangjäger des Landes mit 380 Maschinen. Über 250 *Mirage 2000* wurden in acht folgende Länder exportiert: Abu Dhabi 36, Ägypten 20, Griechenland 40, Indien 50, Peru 12, Taiwan 60, Qatar 12 und die Ver. Arabischen Emirate 30. Nach den Varianten *B/C/D/E/N* und *R,* steht gegenwärtig die aktuellste Variante *Mirage 2000-5* in der Produktion, es ist eine Mehrzweckvariante mit der aktuellsten Avionik- und Waffentechnologie sowie dem schubstärkeren Triebwerk Snecma *M53-P2* mit 98 kN.
Die Variante *Mirage 2000D* wird von der französischen Luftwaffe in 90 Exemplaren eingesetzt, und sie ist für den Einsatz als tiefliegender Bomber mit nuklearen Waffen ausgelegt. Für die Pilotenschulung stehen die zweisitzigen Varianten *B* und *D* zur Verfügung. Von der Variante *Mirage 2000-5* stehen gegenwärtig die Untervarianten *Mirage 2000-5 Mk2* und *Mirage 2000-9* im Angebot, (inkl. Zweisitzer), mit weiteren Detailverbesserungen.

Kategorie:	Mehrzweckkampfflugzeug, Crew 1 bis 2.
Bewaffnung:	Zwei Bordkanonen Kal. 30 mm, 4 Luft-Luft-Lenkwaffen oder an 9 externen Stationen bis zu 6300 kg diverse Waffen.
Antrieb:	Ein Mantelstromtriebwerk Snecma M53-P2 mit 63,9 kN ohne und 98 kN Standschub mit Nachbrenner.
Hersteller:	Dassault Defence, Werk Bordeaux, Frankreich.
Erstflug:	10.03.1978 / **Preis** ~ 50 Mio. US-$ / **Prod. Maschinen** 640.
Photo:	(Dassault): Die aktuelle Version Mirage 2000-5 Mk.2

Daten der Mirage 2000-5
Spannweite 9,12 m, Länge 14,66 m, Höhe 5,10, Flügelfläche 41,00 m². Leermasse 7500 kg, Startmasse 10 800 kg, mit Überlast 17 500 kg, Treibstoff intern 5000 l, extern 4700 l.
Höchstgeschwindigkeit 2350 km/h (Mach 2,2), Landegeschwind. 235 km/h, Dienstgipfelhöhe 18 300 m, max. Steigleistung 305 m/s. Startrollstrecke 400 m, Überführungsreichweite 3500 km, Einsatzradius mit 2000 kg Waffen 1100 km, Treibstoffverbrauch 2400 l/h.

DASSAULT RAFALE   Frankreich

Mit dem Mehrzweckkampfflugzeug *Rafale* schuf die französische Luftfahrtindustrie unter der Projektführung der Firma Dassault Defence das modernste Militärflugzeug für die einheimischen Luftstreitkräfte zum Einsatz für das
nächste Jahrtausend. Die Projektstudien für dieses Muster begannen bereits im Jahr 1982 unter der Bezeichnung *ACX,* und die konstruktiven Vorgaben lauteten für ein zweimotoriges Muster zum Einsatz unter allen Wetterbedingungen, bei Tag und bei Nacht, und für eine Vielzahl von verschiedenen Einsatzmissionen, darunter auch auf den Flugzeugdecks der französischen Flugzeugträger Charles de Gaulle, Clemenceau und Foch. Ferner
muß die *Rafale* innerhalb der nächsten zehn Jahre sechs verschiedene
Muster von Kampfflugzeugen bei den französischen Streitkräften ersetzten.
Für die ersten Flugtests entstand der Prototyp *Rafale A*, der am 4. Juli 1986
mit der Erprobung begann und der von 25 ausgewählten Piloten getestet
wurde. Danach entwickelte man die drei Einsatzvarianten *Rafale C*, Einsitzer für die Luftwaffe, *Rafale B*, Zweisitzer für die Luftwaffe und *Rafale M,*
Einsitzer für die Marine. Die *Rafale C* begann im Mai 1991 mit den Flugtests und sie wurde im Dezember 1998 der französischen Luftwaffe zur Erprobung übergeben. Die *Rafale M* steht seit 1999 bei der Marine Frankreichs in der Erprobung, sie unterscheidet sich von den landgestützten
Varianten durch ein verstärktes Fahrwerk, einen Fankhaken unter dem
Rumpfheck und dem Korrosionsschutz gegen die salzhaltige Seeluft. Mit
der Einsatzreife aller drei Rafale-Varianten wird im Jahr 2001 gerechnet.
Bei der Marine hat man einen Bedarf von 60 *Rafale M* angekündigt, während die Luftwaffe insgesamt 234 *Rafale B/C* benötigt, Kostenpunkt des
Programms inklusive der Entwicklung ca. 5 Milliarden US-$. Einer der Kern-
punkte des technologischen Fortschritts der *Rafale* ist das vielseitige Radarsystem *RBE2*, das neben der Navigation den optimalen Einsatz von gegenwärtigen und zukünftigen Waffensystemen erlaubt.

Kategorie: Mehrzweckkampfflugzeug, Crew 1 bis 2.
Bewaffnung: Eine Bordkanone Kal. 30 mm, 11 Luft-Luft-Lenkwaffen oder
                bis max. 9500 kg div. Waffen an 14 externen Stationen.
Antrieb: Zwei Mantelstromtriebwerke Snecma M88-2 mit je 50 kN
                ohne und je 75 kN Standschub mit Nachbrenner.
Hersteller: Dassault Defence, Werk St. Cloud, Frankreich.
Erstflug: 19.05.1991 / **Preis** ~ 60 Mio. € / **Prod. Maschinen** 15.
Photo: (Dassault): Eine zweisitzige Rafale B

Daten der Rafale C
Spannweite 10,80 m, Länge 15,27 m, Höhe 5,34 m, Flügelfläche 45,70 m².
Leermasse 10 500 kg, Startmasse 19 500 kg, mit Überlast 24 500 kg,
Treibstoff intern 5625 l, extern 9375 l.
Höchstgeschwindigkeit 2000 km/h (Mach 1,8), Landegeschwind. 210 km/h,
Dienstgipfelhöhe 16 800 m, max. Steigleistung 310 m/sec. Startrollstrecke
300 m, Überführungsreichweite 3750 km, Einsatzradius mit 5000 kg Waffen
1000 km, Treibstoffverbrauch 2600 l/h.

DENEL AH-2A ROOIVALK   Südafrika

Der Kampfhubschrauber *Rooivalk* wurde Ende der 80er Jahre von der Denel Aviation in Südafrika für die einheimischen Streitkräfte entwickelt, weil das Land damals wegen der Aparteid-Politik unter einem weltweiten Waffenembargo stand. Ferner war Südafrika permanent in Grenzkonflikte mit einigen seiner Nachbarstaaten verwickelt, die einen bewaffneten Überwachungshubschrauber notwendig machten.

Das Antriebsystem des *Rooivalk* inklusive der Rotoren stammt von dem französischen Hubschraubermuster *SA330 Puma*, alle anderen Bauteile sind von Denel entwickelt worden. Der *Rooivalk* ist nach dem konventionellen Layout aller Kampfhubschrauber ausgelegt, die Crew besteht aus dem Piloten und dem Schützen, die in einem gepanzerten Cockpit untergebracht sind. Gegen gepanzerte Fahrzeuge kann das Muster max. 16 Lenkwaffen an dem Waffenträger befördern, ferner ungelenkte Raketen oder Luft-Luft-Lenkwaffen für die eigene Verteidigung.

Für lange Überwachungsflüge bis acht Stunden Dauer können an dem Waffenträger auch zusätzliche Treibstoffbehälter untergebracht werden, die eine max. Reichweite von 1260 km erlauben. Vermarktet wird auch eine Variante des *Rooivalk*, die speziell für die Bekämpfung von Seezielen optimiert ist.

Mit der Flugerprobung des *Rooivalk* wurde im Februar 1990 begonnen, und es dauerte neun Jahre bis die ersten Einheiten an die Streitkräfte Südafrikas ausgeliefert wurden. Das Muster steht seit Januar 1999 im Einsatz und es wurden 12 Einheiten mit der Typenbezeichnung *AH-2A* ausgeliefert. Bis 2000 konnte Denel keine weiteren Käufer für den *Rooivalk* finden. Das Muster wird gegenwärtig in einigen Ländern Asiens vorgestellt und ferner in Australien.

Kategorie:	Kampfhubschrauber, Crew 2.
Bewaffnung:	Eine richtbare Bordkanone Kal. 20 mm, Vorrat 400 Schuß oder max. 2000 kg andere Waffen an 6 Aufhängepunkten.
Antrieb:	Zwei Turbinen Turbomeca Makila 1K2 mit je 1375 kW Startleistung.
Hersteller:	Denel Aviation, Werk Kempton Park, Südafrika.
Erstflug:	11.02.1990 / **Preis** ~ 10. Mio. US-$ / **Prod. Maschinen** 12
Photo:	(BAe) Rooivalk AH-2A

Daten des AH-2A

Durchmesser des Hauptrotors 15,58 m, des Heckrotors 3,05 m, Gesamtlänge 16,38 m, Höhe 5,19 m. Leermasse 5730 kg, Startmasse 7860 kg, mit Überlast 8750 kg, Treibstoff intern 1836 l, extern 1500 l.

Höchstgeschwindigkeit 309 km/h, Dienstgipfelhöhe 5855 m, Schwebehöhe ohne Bodeneffekt 3200 m, mit Bodeneffekt 5500 m, Überführungsreichweite 1260 km, Einsatzradius mit 1000 kg Waffen 350 km, Treibstoffverbrauch 550 l/h.

EH INDUSTRIES EH101   International

Der fortschrittliche Mehrzweckhubschrauber *EH101* begann 1999 den Einsatz im zivilen sowie militärischen Bereich. Er ist ein binationales Produkt der europäischen Hubschrauberfirmen Agusta aus Italien sowie Westland aus Großbritannien, beide Firmen gründeten im Juni 1980 das Konsortium European Helicopter Industries - *EHI* mit einem Anteil von jeweils 50%, um die Entwicklung, den Bau sowie das Marketing für den *EH101* wirtschaftlich abzuwickeln. Wegen der hohen Entwicklungs- und Anschaffungskosten für Hubschrauber in der Größenordnung des *EH101*, legte man bei der Entwicklung des Musters großen Wert auf eine weite Bandbreite an Einsatzmöglichkeiten im zivilen sowie militärischen Bereich. Für das umfangreiche Test- und Zulassungsprogramm wurden neun Maschinen für die Flugversuche und vier zusätzliche Zellen für Grundversuche gebaut. Mit den Flugtests wurde im Oktober 1987 begonnen und nach elf Jahren bekam das Muster seine Zulassung. Die Royal Air Force in Großbritannien erhielt ab 1999 insgesamt 22 *EH101* unter der Typenbezeichnung *Merlin HC.3*, sie nutzt das Muster für Mehrzweckeinsätze, es kann 30 bewaffnete Soldaten oder 16 liegende Verwundete aufnehmen oder am Lasthaken extern eine max. Last von 5440 kg befördern. Der bisher größte Abnehmer des Musters ist die Royal Navy ebenfalls aus Großbritannien mit 44 Maschinen, Typenbezeichnung hier *Merlin HM.1*. Von der Royal Navy wird das Muster zur Bekämpfung von Seezielen verwendet sowie alternativ als Such- und Rettungshubschrauber, es ist mit einer fortschrittlichen Aufklärungselektronik ausgerüstet und seine Bewaffnung besteht aus vier Torpedos an vier externen Waffenstationen oder aus anderen Waffen bis max. 4536 kg. Eine ähnliche Ausführung erhält gegenwärtig auch die italienische Marine in 24 Exemplaren, Stückpreis ca. 55 Mio. US-$. Die Luftwaffe Kanadas bestellte 15 *EH101* mit der Typenbezeichnung *Cormorant* für den Such- und Rettungsdienst, mit vergrößerten Tanks für 1390 km max. Reichweite.

Kategorie:	Kampf- und Mehrzweckhubschrauber, Crew 2 bis 4.
Bewaffnung:	Vier Lenkwaffen oder Torpedos an vier externen Waffenstationen oder Tiefenbomben bis max. 4536 kg.
Antrieb:	Drei Turbinen Rolls-Royce/Turbomeca RTM 322 oder General Electric CT7-6A, Leistungsklasse 1275 bis 1490 kW.
Hersteller:	EH Industries, GKN Westland/Großbrit. und Agusta Italien.
Erstflug:	09.10.1987 / **Preis ~** 35 Mio. US-$ / **Prod. Maschinen** 50.
Photo:	(EHI): Ein Merlin HM.1 der Royal Navy

Daten des Cormorant

Durchmesser des Hauptrotors 18,60 m, des Heckrotors 4,0 m, Rumpflänge 19,51 m, Höhe 5,35 m. Leermasse 9000 kg, max. Startmasse 14 600 kg, Treibstoff je nach Variante 3300 bis 4900 l.
Höchstgeschwindigkeit 309 km/h, Dienstgipfelhöhe 4600 m, Schwebehöhe ohne Bodeneffekt 1770 m, mit Bodeneffekt 3650 m, Reichweite mit 2500 kg Nutzmasse 880 km, Überführungsreichweite 1390 km,
Treibstoffverbrauch 950 l/h.

Der elegante militärische Basis- und Fortgeschrittenentrainer *Tucano* ist ein erfolgreiches Produkt der brasilianischen Firma *Embraer* – Empresa Brasileira de Aeronautica S.A. und seine Entwicklung begann vor rund 20 Jahren. Das Muster wurde als Erstes seiner Art von Anfang an mit einer Propellerturbine als Antrieb ausgelegt, und zusammen mit einer entsprechend entwickelten Zellenform, bietet es bei der Schulung von neuen Piloten jetähnliche Flugeigenschaften, mit den Belastungsgrenzen von + 6g und –3g. Für den Antrieb des Tucano wählte man die weit verbreitete und besonders zuverlässige Propellerturbine Pratt & Whitney of Canada *PT6A-25* in der Leistungskategorie von 550 kW Startleistung. Der hintere Sitz des Fluglehres hat gegenüber dem Vordersitz des Flugschülers eine höhere Position, um ausreichende Sichtverhältnisse nach vorne zu erhalten, als Sonderausstattung können Schleudersitze eingebaut werden. Als erster Abnehmer erhielt die Luftwaffe von Brasilien ab September 1983 insgesamt 135 Tucanos unter der Typenbezeichnung *T-27*. Der Tucano wurde rasch ein Exporterfolg, mit rund 650 verkauften Einheiten in 15 Länder. 1983 vergaben die Streitkräfte von Ägypten und des Irak eine gemeinsame Bestellung über 120 Tucanos plus 60 Optionen und diese Flugzeuge wurden in Ägypten endmontiert. Die Luftwaffe Frankreichs ist mit 80 Maschinen ebenfalls ein wichtiger Kunde des Musters, und für die britische Royal Air Force baute die Firma Shorts aus Nordirland 130 Maschinen in Lizenz. Gegenüber den Originalmaschinen aus Brasilien, unterscheiden sich die 130 Maschinen der RAF erheblich, sie haben u. A. die Propellerturb. *Garrett TPE331*, eine geteilte Cockpithaube und die Innenausstattung stammt vermehrt von der britischen Luftfahrtindustrie, darunter auch die Schleudersitze. Shorts baute auch 12 ähnliche Tucanos für die Luftwaffe von Kenia und weitere 18 für den Kuwait. Für das Waffentraining oder leichte Kampfeinsätze kann das Muster mit vier Waffenstationen unter dem Flügel ausgerüstet werden.

Kategorie:	Basis- und Fortgeschrittenentrainer, Crew 2.
Bewaffnung:	(Als Option), an vier Stationen unter dem Flügel diverse Waffen bis max. 1000 kg.
Antrieb:	Eine Propellerturbine Pratt & Whitney of Canada PT6A-25C mit 556 kW Startleistung.
Hersteller:	Embraer, Werk Sao Jose dos Campos, Brasilien.
Erstflug:	16.08.1980 / **Preis** ~ 5 Mio. US-$ / **Prod. Maschinen** 650.
Photo:	(Embraer): Zwei Tucanos der Luftwaffe von Venezuela.

Daten der EMB-312

Spannweite 11,14 m, Länge 9,86 m, Höhe 3,40 m, Flügelfläche 19,40 m². Leermasse 1590 kg, Startmasse 2550 kg, mit Überlast 3175 kg, Treibstoff intern 695 l, extern 660 l.
Höchstgeschwindigkeit 450 km/h, Landegeschwindigkeit 165 km/h, Dienstgipfelhöhe 9144 m, max. Steigleistung 14 m/s, Startrollstrecke 500 m, Überführungsreichweite 2200 km, Einsatzradius mit 500 kg Waffen 600 km, Treibstoffverbrauch 195 l/h.

EMBRAER EMB-314 SUPER TUCANO   Brasilien

Im Jahr 1991 begann Embraer in Zusammenarbeit mit der US-Firma Northrop die Entwicklung einer erheblich leistungsgesteigerten Ausführung des Tucano. Das Projekt erhielt anfangs die Typenbezeichnung *EMB-312H* und später *EMB-314 Super Tucano*. Entwickelt wurde das Muster für den Wettbewerb der US-Streitkräfte für einen gemeinsamen Trainer unter der Bezeichnung (JPATS), aus dem die Firma Pilatus aus der Schweiz mit dem Muster *PC-9* als Sieger hervorging. Gegenüber der Basisausführung hat der *Super Tucano* die erheblich stärkere Propellerturbine *PT6A-68/3* mit 1185 kW Startleistung sowie eine Fünfblatt-Luftschraube, ferner einen um 1,4 m verlängerten Rumpf und höhere Betriebsmassen.

Bei einer Flugmasse von 3000 kg hat der *Super Tucano* eine Höchstgeschwindigkeit von 575 km/h. Nach dem Embraer rund fünf Jahre erfolglos einen Abnehmer für das leistungsfähige Muster suchte, gilt seit rund zwei Jahren die einheimische Luftwaffe als wahrscheinlicher Erstkunde des Musters. Unter der Typenbezeichnung *ALX* (Light Attack Aircraft), offeriert Embraer den *Super Tucano* als leichtes Kampfflugzeug, von dem die brasilianische Luftwaffe 100 Maschinen beschaffen will, je 50 Maschinen von der einsitzigen Variante *A-29* und von der Zweisitzigen *AT-29*. Das vorgesehene Einsatzgebiet dieser Kampfflugzeuge ist die große Amazonas-Region, wo das Muster oft von vorgeschobenen, primitiven Schotterpisten aus operieren soll, wo keine Bodenanlagen vorhanden sind. Das Muster hat fünf externe Waffenstationen für insgesamt 1500 kg Zuladung, u. A. für diverse Lenkwaffen, Bomben oder zwei MGs Kal. 12,7 mm. Über die Beschaffung des Waffenprogrammes *A-29/AT-29* soll im Jahr 2000 entschieden werden.

Embraer wurde 1969 als staatliches Unternehmen gegründet, nach finanziellen Schwierigkeiten wurde das Unternehmen 1994 privatisiert, und seit dem hat sich das Unternehmen zu den führenden Flugzeugherstellern entwickelt.

Kategorie:	Fortgeschrittenentrainer oder leichtes Kampfflug. / Crew 1-2.
Bewaffnung:	An fünf externen Stationen diverse Waffen bis max. 1500 kg Gesamtmasse und zwei MGs Kal. 12,7 mm.
Antrieb:	Eine Propellerturbine Pratt & Whitney of Canada PT6A-68/3 mit 1185 kW Startleistung.
Hersteller:	Embraer, Werk Sao Jose dos Campos, Brasilien.
Erstflug:	15.05.1993 / **Preis** ~ 8 Mio. US-$ / **Prod. Maschinen** 3.
Photo:	(Embraer): Die schwer bewaffnete Ausführung AT-29

Daten der A-29

Spannweite 11,14 m, Länge 11,43 m, Höhe 3,90 m, Flügelfläche 19,40 m². Leermasse 2450 kg, Startmasse 3160 kg, mit Überlast 3918 kg, Treibstoff intern 695 l, extern 990 l.

Höchstgeschwindigkeit 575 km/h, Landegeschwindigkeit 170 km/h, Dienstgipfelhöhe 10 670 m, max. Steigleistung 24,1 m/s, Startrollstrecke 550 m, Überführungsreichweite 2000 km, Einsatzradius mit 750 kg Waffen 550 km, Treibstoffverbrauch 270 l/h.

Von der Mehrzweckhubschrauber-Familie *Puma/Super Puma/Cougar* wurden bis dato rund 1200 Maschinen an etwa 70 Abnehmer in 44 Ländern verkauft. Die Erfolgsgeschichte dieser mittelschweren Hubschrauberbaureihe begann im April 1965 mit der Flugerprobung des Prototyps *SA 330 Puma* bei der damaligen französischen Firma *Sud-Aviation*. Bis zum Ende der Produktion im Jahr 1983 wurden rund 700 Pumas ausgeliefert. 1978 begann die Flugerprobung mit dem verstärkten Nachfolgemodell *AS 332 Super Puma* und zu diesem Zeitpunkt war Sud-Aviation bereits Bestandteil der staatlichen, französischen Luftfahrtorganisation *Aerospatiale*. Gegenüber dem Vorgängermodell *Puma*, bekam der *Super Puma* einen leicht verlängerten Rumpf für max. 25 ausgerüstete Soldaten, ferner fortschrittlichere Wellenturbinen *Turbomeca Makila* mit mehr Leistung, zahlreiche interne Detailverbesserungen und 9000 kg max. Startmasse. Im Jahr 1992 entstand durch die Fusion der Hubschrauberbereiche von Aerospatiale und MBB/Deutsche Aerospace die binationale Firmengruppe *Eurocopter* mit rund 11 000 Beschäftigten. Für den militärischen Einsatz entstand 1987 die Variante *AS 532 Cougar Mk1*, aus der die Versionen *AB/UB, SC, AC/UC* und *AL/UL* hervorgingen. Die Versionen *AB, SC* und *AL* haben eine eingebaute Bewaffnung, darunter Lenkwaffen, Torpedos (SC) und MGs oder eine Kanone Kaliber 20 mm. Die aktuelle Bauvariante ist der *AS 532 Mk2*, lieferbar in den Versionen *A2* (als Option mit Bewaffnung), und *U2* als Transporthubschrauber. Die Variante *AS 532 Mk2 U2* kann 29 Soldaten oder 9 Krankentragen befördern oder extern am Lasthaken max 5000 kg Fracht. Zahlreiche Maschinen der Puma/Super Puma Baureihe werden für den VIP-Einsatz verwendet, darunter drei AS 532 U2 für die deutschen Politker. Im Sommer 1999 wurde die 500. Maschine der Baureihe Super Puma/Cougar ausgeliefert, von den militärischen Cougars stehen rund 300 Maschinen weltweit im Dienst.

Kategorie:	Mittelschwerer Militär-Mehrzweckhubschrauber, Crew 2.
Bewaffnung:	Varianten AB/SC/AC/AL/A2: individuelle Bewaffnung mit Lenkwaffen, Kanonen oder zwei Torpedos.
Antrieb:	(Mk2): Zwei Turbinen Turbomeca Makila 1 A2 mit mit je 1562 kW Startleistung.
Hersteller:	Eurocopter, Deutschland und Frankreich.
Erstflug:	13.09.1978 / **Preis** ~ 15 Mio. € / **Prod. Maschinen** 300.
Photo:	(Eurocopter): Die aktuelle Variante AS 532 U2 Cougar Mk.II.

Daten des Mk2 U2

Durchmesser des Hauptrotors 16,20 m, des Heckrotors 3,15 m, Rumpflänge 15,50 m, Höhe 4,97 m. Leermasse 4900 kg, Startmasse 10 500 kg, mit Überlast 11 200 kg, Treibstoff 2000 l.
Höchstgeschwindigkeit 296 km/h, Dienstgipfelhöhe 5200 m, Schwebehöhe mit Bodeneffekt 2690 m, ohne Bodeneffekt 1500 m, max. Steigleistung 5,8 m/s, Überführungsreichweite 1200 km, Reichweite mit 3000 kg Nutzmasse 800 km, Treibstoffverbrauch 580 l/h.

Die Firmengruppe *Eurocopter* (30% DASA und 70% Aerospatiale), hat zehn Hubschraubertypen in der Gewichtsklasse von 1,7 bis 11 t im Angebot, die bereits in rund 120 Ländern der Welt im Einsatz stehen. Im Jahr 1991 begann Eurocopter mit der Flugerprobung des Kampfhubschraubers *Tiger*, der für die Einsatzbedingungen nach dem Jahr 2000 ausgelegt ist. Eurocopter Deutschland war bei der Entwicklung dieses Musters für den Hauptrotor sowie für das Vorder- und Hinterrumpfsegment verantwortlich, während Eurocopter France für die restlichen Baugruppen verantwortlich zeichnete. Für die Serienfertigung sind zwei Endmontagewerke eingerichtet, eins in Donauwörth, Deutschland und eins in Marignane, Frankreich. Die Hauptkampfaufgaben des *Tiger* sind der Begleitschutz, die Feuerunterstützung und der Einsatz gegen gepanzerte Fahrzeuge. Er ist kampffähig unter allen Wetterbedingungen bei Tag und Nacht und seine Bewaffnung ist beachtlich, sie besteht aus einer richtbaren Bordkanone Kaliber 30 mm mit etwa 1500 m effektiver Reichweite sowie 450 Schuß Vorrat, ferner können an den vier Waffenträgern seitlich des Rumpfes acht Panzerabwehrlenkwaffen mitgeführt werden oder eine andere Auswahl von diversen Lenkwaffen bis hin zu vier Luft-Luft-Lenkwaffen. Die Zelle besteht zu 80% aus Verbundwerkstoffen, der Cockpit- und Triebwerkbereich ist gepanzert. Die beiden Besatzungsmitglieder sitzen in einem Tandemcockpit, vorne der Schütze und hinten höhenversetzt der Pilot. Der *Tiger* steht in drei Varianten im Angebot: *UHT* als Mehrzweckkampfausführung, *HAC* als Panzerabwehrausführung und *HAP* als Bodenkampf- und Begleitschutzausführung. Im Jahr 1998 wurde die Beschaffung von jeweils 80 Maschinen für die Armeen Deutschlands und Frankreichs bewilligt, ab 2001 kommen jeweils 7 Serienmaschinen zur Schulung an die Truppen. Beide Armeen haben einen Bedarf von jeweils 215 Maschinen angemeldet, Deutschland erhält die Variante *UHT* und Frankreich die Varianten *HAC* und *HAP*.

Kategorie:	Mehrzweckkampfhubschrauber, Crew 2.
Bewaffnung:	Eine Borkanone Kaliber 30 mm und an vier Waffenträgern extern max. 1300 kg diverse Waffen.
Antrieb:	Zwei Turbinen MTU/Turbomeca/Rolls-Royce MTR 390 mit je 1027 kW Startleistung.
Hersteller:	Eurocopter, Werke Dounauwörth (D) und Marignane (F).
Erstflug:	27.04.1991 / **Preis** ~ 30 Mio. € / **Prod. Maschinen** 12.
Photo:	(Eurocopter): Tiger UHT der deutschen Streitkräfte.

Daten des UHT

Durchmesser des Hauptrotors 13,00 m, des Heckrotors 2,70 m, Rumpflänge 14,10 m, Höhe 5,20 m. Leermasse 3300 kg, Startmasse 5800 kg, mit Überlast 6100 kg, Treibstoff intern 1350 l, extern 730 l.
Höchstgeschwindigkeit 280 km/h, Dienstgipfelhöhe 4500 m, Schwebehöhe mit Bodeneffekt 3250 m, ohne Bodeneffekt 2100 m, max. Steigleistung 10 m/s, Überführungsreichweite 1250 km, Einsatzradius mit 750 kg Waffen 450 km, Treibstoffverbrauch 400 l/h.

EUROFIGHTER TYPHOON   International

Der *Eurofighter* zählt zu den fortschrittlichsten Kampfflugzeugen der Gegenwart und er wird ab dem Jahr 2002 im Einsatz stehen. Obwohl das Muster für den Mehrzweckkampfeinsatz ausgelegt ist, wird seine Hauptaufgabe die Luftverteidigung sein. Es ist ein echter High-tec-Fighter, ausgerüstet mit einer computerüberwachten Fly-by-wire-Steuerung und das Bordradar sowie die Elektronik für die Aufklärung, die Flugsteuerung und den Kampfeinsatz entsprechen dem neuesten Stand. Wie sein Name bereits andeutet, ist der Eurofighter ein europäisches Kampfflugzeug an dessen Entwicklung und dem Bau Luftfahrtfirmen folgender Länder beteiligt sind: Großbritannien mit 37%, Deutschland mit 30%, Italien mit 20% und Spanien mit 13%. Für die gemeinsame Entwicklung des Eurofighter-Antriebs entstand der Firmendachverband *Eurojet*, der das Mantelstromtriebwerk *EJ200* produziert. Für das gemeinsame Management des Eurofighter-Programms entstand auf Regierungsebene der Dachverband *NEFMA* – NATO European Fighter Management Agency. Nach zahlreichen Studien, die in den verschiedenen europäischen Ländern seit 1983 durchgeführt wurden, entstand 1992 die endgültige Auslegung für den sogenannten *Eurofighter 2000*. Der deltaförmige Flügel hat eine Pfeilung von 53° und im Bereich der Cockpit befinden sich zwei kleine Steuerflächen (Canards). Die Zelle besteht zu 40% aus Verbundwerkstoffen und sie bietet leichte Stealth-Eigenschaften. Für die Flug-und Systemerprobung entstanden in den einzelnen Partnerländern insgesamt sieben Prototypen. Im Sommer 2002 wird die Auslieferung des ersten Bauloses über 148 Maschinen beginnen, die in den jeweiligen Partnerländern endmontiert werden, 55 für (G), 44 für (D), 29 für (I) und 20 für Spanien. Die Partnerländer haben einen gemeinsamen Bedarf für 620 Eurofighter, Systemkosten dafür rund 20 Milliarden €. Für den weltweiten Export des Eurofighters wurde 1998 der Marketingname *Typhoon* eingeführt. Bis zur Jahrtausendwende gab es keine Exportbestellungen.

Kategorie:	Abfangjäger und Mehrzweckkampfflugzeug, Crew 1.
Bewaffnung:	Eine Bordkanone Kal. 27 mm, 10 Luft-Luft-Lenkwaffen oder max. 6500 kg diverse Lenkwaffen an 13 externen Stationen.
Antrieb:	Zwei Mantelstromtriebwerke Eurojet EJ200 mit je 60 kN ohne und mit je 90 kN Standschub mit Nachbrenner.
Hersteller:	Eurofighter, Deutschland / Großbritannien / Italien / Spanien.
Erstflug:	27.03.1994 / **Preis** ~ 70 Mio. € / **Prod. Maschinen** 7.
Photo:	(Eurofighter): Eurofighter mit Bremsschirm

Daten des Eurofighter 2000

Spannweite 10,95 m, Länge 15,96 m, Höhe 5,28 m, Flügelfläche 50,00 m². Leermasse 11 000 kg, Startmasse 21 000 kg, mit Überlast 23 000 kg, Treibstoff intern 6200 l, extern 4500 l.
Höchstgeschwindigkeit 2200 km/h (Mach 2,0), Landegeschwind. 260 km/h, Dienstgipfelhöhe ca. 17 000 m, max. Steigleistung 290 m/s, Startrollstrecke 400 m, Überführungsreichweite 3500 km, Einsatzradius mit 3000 kg Waffen 1400 km, Treibstoffverbrauch 2250 l/h.

FAIRCHILD A-10A THUNDERBOLD II   USA

Ende der 60er Jahre gab die US Air Force eine Ausschreibung für ein stark bewaffnetes Kampfflugzeug heraus, das in erster Linie für die Bekämpfung von gepanzerten Fahrzeugen geeignet war, und seine sekundäre Aufgabe sollte die Erdkampfunterstützung sein. Die Firmen Republic und Northrop stellten auf diese Ausschreibung je einen Entwurf vor, und die USAF wählte im Januar 1973 das Projekt *A-10A Thuderbold II* von Republic für die Serienproduktion aus, der geplante Bedarf lautete über 733 Maschinen.

Für einen Kampfjet hat die *A-10A* ein eher ungewöhnliches Aussehen, hauptsächlich durch den geraden Flügel mit großer Profildicke, aber sie ist für ihre Kampfaufgaben gut geeignet. Gefragt war beim Entwurf dieses Musters eine Marschgeschwindigkeit von rund 600 km/h, eine hohe Wendigkeit und eine starke Panzerung der Cockpit sowie der wichtigen Innenausrüstung. Die Panzerung der *A-10A* hat eine Gesamtmasse von 1315 kg. Die Hauptwaffe des Musters ist eine rund 6 m lange, siebenläufige Revolverkanone vom Kaliber 30 mm, mit einer Rate von 4200 Schuß je Minute. Die Geschosse haben eine Masse von 0,75 kg und sie können bis auf rund 6500 m Entfernung alle gegenwärtig eingesetzten Panzer durchdringen. Die *Thunderbold II* kam im Frühjahr 1976 in den Truppendienst und zahlreiche Maschinen wurden in Großbritannien und Westdeutschland stationiert, als Abschreckungswaffe gegen die damalige Panzerübermacht des Warschauer Paktes. Das Muster wurde mit großem Erfolg im Golfkrieg von 1990 eingesetzt. Nach der Auflösung des Warschauer Paktes, ließ die USAF rund die Hälfte der 715 gebauten *A-10A* einmoten und der Rest wird von der Air National Guard eingesetzt. Ein Teil der eingesetzten Maschinen wird gegenwärtig für den Nachteinsatz und mit einem GPS-System modernisiert. Die technische Betreuung des Musters wird seit 1987 von der Firma Northrop Grumman durchgeführt. Die Firma Republic wurde in den 70er Jahren von dem Konzern Fairchild Industries übernommen.

Kategorie:	Erdkampf- und Panzerabwehrflugzeug, Crew 1.
Bewaffnung:	Eine Bordkanone Kal. 30 mm mit 1350 Schuß und an elf externen Stationen max. 7250 kg diverse Waffen.
Antrieb:	Zwei Mantelstromtriebwerke General Electric TF34-GE-100 mit je 40,2 kN Standschub, keine Nachbrenner.
Hersteller:	Fairchild Industries, Werk Farmingdale, USA.
Erstflug:	10.05.1972 / **Preis** ~ 20 Mio. US-$ / **Prod. Maschinen** 715.
Photo:	(H. Kreuzer): Thunderbold II in Farnborough 1996.

Daten der A-10A

Spannweite 17,52 m, Länge 16,26 m, Höhe 4,45 m, Flügelfläche 47,01 m². Leermasse 9775 kg, Startmasse 19 051 kg, mit Überlast 22 680 kg, Treibstoff intern 6065 l, extern 6800 l.
Höchstgeschwindigkeit 705 km/h, Landegeschwindigkeit 175 km/h, Dienstgipfelhöhe 10 750 m, max. Steigleistung 30,5 m/s, Startrollstrecke 750 m, Überführungsreichweite 3900 km, Einsatzradius mit 4000 kg Waffen 500 km, Treibstoffverbrauch 1500 l/h.

GKN WESTLAND LYNX   Großbritannien

Der militärische Mehrzweckhubschrauber Lynx (Luchs), entstand vor rund 30 Jahren als ein Kampf- und Transporthubschrauber in der Gewichtsklasse von rund 4100 kg zum Einsatz bei den Land- und Seestreitkräften. Entwickelt wurde das Muster von Westland Helicopters aus Großbritannien. Westland baut seit dem Jahr 1915 Flugzeuge und ab 1947 spezialisierte sich die Firma auf die Entwicklung und den Bau von Hubschraubern. Die Basisversion *Lynx Mk.1* kam 1978 bei der British Army erstmals in den Truppendienst, es wurden 115 Maschinen beschafft. Zur gleichen Zeit begann die Auslieferung der Variante *HAS Mk.2 Sea Lynx* in 60 Exemplaren an die Royal Navy. Weitere 40 *Sea Lynx* erwarb die französische Aeronavale. Der *Sea Lynx* hat eine Startmasse von 4309 kg, 275 km/h Reisegeschwindigkeit und als Antrieb dienen zwei Wellenturbinen Rolls-Royce Gem 100 mit je 672 kW Startleistung. Das Muster wurde an die Streitkräfte von elf Nationen ausgeliefert, darunter an Brasilien, Dänemark, die Niederlande, Nigeria, Norwegen, Portugal, Quatar und Südkorea.

Ferner zählt zu den Abnehmern die deutsche Marine, die ab 1981 insgesamt 24 Maschinen erwarb, darunter ab 1999 sieben fortschrittlichere *Super Sea Lynx Mk.88A*. Im Angebot stehen gegenwärtig die Varianten *Batlefield Lynx* für die Landstreitkräfte und der *Super Sea Lynx* für die Marine. Von beiden Varianten ist die *Serie 300* die Fortschrittlichste, sie besitzt den Antrieb mit den Turbinen *LHTEC CTS800* und ferner eine Spitzenausrüstung bei den Flug- und Kampfelektronik. Alle neuen Varianten sind äußerlich an den breiteren Hauptrotorenden erkennbar. Der *Sea Lynx* hat als Bewaffnung entweder drei Torpedos oder zwei Tiefenbomben oder vier Lenkwaffen gegen Seeziele. Der Landgestützte *Batlefield Lynx* hat als Bewaffnung entweder acht Panzerabwehrlenkwaffen oder zwei MG's vom Kaliber 12,7 mm oder eine Kanone vom Kaliber 20 mm. Seine Kabine bietet Platz für 12 Insassen.

Kategorie:	Land- oder Bordgestützter Kampf/Transporthubschrauber.
Bewaffnung:	An beiden Rumpfauslegern diverse Waffen bis max. 700 kg.
Nutzmasse:	12 Soldaten oder 1360 kg Fracht am Lasthaken.
Antrieb:	(Serie 100): Zwei Turbinen Rolls-Royce Gem 42 mit je
Hersteller:	835 kW Startleistung.
Erstflug:	21.03.1971 / **Preis** ~ 25 Mio. US-$ / **Prod. Maschinen** 390
Photo:	(Westland):Super Sea Lynx mit Torpedo und 2 Lenkwaffen.

Daten der Serie 100

Durchmesser des Hauptrotors 12,80 m, des Heckrotors 2,35 m, Rumpflänge 13,30 m, Höhe 3,67 m. Leermasse 3300 kg, Startmasse 4627 kg, mit Überlast 5330 kg, Treibstoff intern 985 l.
Höchstgeschwindigkeit 285 km/h, Dienstgipfelhöhe 5000 m, Schwebehöhe mit Bodeneffekt 2700 m, ohne Bodeneffekt 2100 m, max. Steigleistung 10 m/s, Überführungsreichweite 685 km, Einsatzradius mit 500 kg Waffen 220 km, Treibstoffverbrauch 300 l/h.

Mit rund 400 Maschinen bildet die vierstrahlige *Iljuschin Il-76M* das Rückgrad beim strategischen Lufttransportkommando von Russland. Die Projektstudien für dieses Muster begannen Ende der 60er Jahre und im März 1971 begann der Prototyp mit den Flugtests. Für den zivilen Einsatz stand die Variante *Il-76T* in der Produktion und für das Militär die Variante *Il-76M*. Letztere hat oben am Rumpfheck einen Abwehrstand mit zwei Kanonen vom Kaliber 23 mm, sie ist mit dieser Einrichtung und dem verglasten Rumpfbug einmalig unter den Militärtransportern. Im Jahr 1976 stellte die sowjetische Luftwaffe die Ersten *Il-76M* in den Truppendienst, sie hatten anfangs eine max. Startmasse von 170 000 kg und 40 000 kg Nutzmasse. Für den Einsatz auf Pisten mit geringer Bodenbelastung hat das Muster ein Fahrwerk mit insgesamt 20 Rädern und der Flügel besitzt effektive Auftriebsklappen für Start- und Landebahnen von rund 1200 m Länge.

Die *Il-76M* hat eine für Militärtransporter klassische Auslegung in Hochdeckerbauweise, mit einer negativen Stellung des Flügels, einem Leitwerk in T-Form und einem hochgezogenen Rumpfheck, das unten eine große Ladetoreinheit bildet. Der Laderaum hat ein Volumen von 235 m³, er ist 3,40 m breit, 3,45 m hoch und 20,0 m lang. die max. Bodenbelastung beträgt 2100 kg/m², geeignet für die Aufnahme von schweren Einzellasten. Für den Transport von Truppen kann der druckbelüftete Raum mit 140 Klappsitzen ausgerüstet werden. Die fortschrittlichere Variante *Il-76MD* hat eine verstärkte Zellenstruktur für die höhere Startmasse von 190 000 kg und 50 000 kg Nutzmasse. Auf der Basis der *Il-76M* entstand die Tankervariante *Il-78*, von der rund 200 Maschinen hergestellt wurden und ferner die fliegende Frühwarnstation *A-50*, von der etwa 20 Maschinen eingesetzt werden. Indien, Libyen und Syrien zählen zu den Exportkunden der *Il-76M/MD*. Seit 1995 steht die um 6,6 m verlängerte Ausführung *Il-76MF* in der Flugerprobung, sie hat stärkere Fantriebwerke PS-90A mit je 158 kN Standschub. Bis zum Jahr 2000 gab es keine Bestellungen für diese Variante.

Kategorie:	Militärtransporter für Langstrecken, Crew 6 bis 8.
Bewaffnung:	Abwehrstand am Heck mit zwei Kanonen Kaliber 23 mm.
Nutzmasse:	Je nach Variante 40 000 kg bis 50 000 kg oder 140 Soldaten.
Antrieb:	(Il-76MD): Vier Mantelstromtriebwerke Aviadvigatel D-30KP mit je 118 kN Standschub.
Hersteller:	Konstruktionsbüro Iljuschin, Werk Taschkent, Russland.
Erstflug:	25.03.1971 / **Preis** ~ 45 Mio. US-$ / **Prod. Maschinen** ~ 700
Photo:	(Piotr Butowski): Die verlängerte Ausführung Il-76MF.

Daten der Il-76MD

Spannweite 50,50 m, Länge 46,60 m, Höhe 14,76 m, Flügelfl. 300,00 m². Leermasse 70 000 kg, Startmasse 190 000 kg, Treibstoff 112 500 l. Höchstgeschwindigkeit 850 km/h, Landegeschwindigkeit 220 km/h, Dienstgipfelhöhe 12 000 m, max. Steigleistung 10 m/s, Startrollstrecke 2000 m, Überführungsreichweite 7500 km, Reichweite mit 30 000 kg Nutzmasse 5500 km, Treibstoffverbrauch 11 000 l/h.

Seit Mitte der 90er Jahre stehen in Russland die Prototypen der Jakowlew *Yak-130* und der *Mig –AT* im Wettbewerb um den zukünftigen Fortgeschrittenentrainer für die einheimischen Luftstreitkräfte. Für die Ausrüstung dieser Muster haben sich beide Unternehmen mit westlichen Partnerfirmen zusammengeschlossen. Für sein Projekt *Yak-130* konnte das Konstruktionsbüro Jakowlew 1993 die italienische Firma Aermacchi gewinnen. In dem gemeinsamen *Yak/AEM-130* Konsortium ist Aermacchi für die Avionikausrüstung des Musters zuständig sowie für das Marketing auf dem westlichen Markt. Ein weiterer internationaler Partner des Projektes ist die slowakische Firma Povazske Strojarne, wo der Antrieb des Musters hergestellt wird. Das Triebwerk *DV-2S* soll zukünftig in Russland von der Firma Klimow in Lizenz hergestellt werden. Der Prototyp der *Yak-130* steht seit April 1996 in der Flugerprobung, erzielt wurden eine Höchstgeschwindigkeit von Mach 0,90, eine Mindestgeschwindigkeit von 176 km/h und Anstellwinkel bis 41°. Für die weiteren Flugtests entfernte man die Winglets, weil sie bei bestimmten Flugmanövern zur Verbiegung neigten, sie wurden durch zwei Grenzschichtzäune in der Nähe der Flügelwurzel ersetzt. Ferner rüstete man den Prototyp mit der westlichen Avionik aus und er trägt gegenwärtig die neue Typenbezeichnung *Yak/AEM-130D*. Nach Informationen von Jakowlew hat die russische Luftwaffe zehn Maschinen von der *Yak/Aem-130* für Erprobungszwecke bestellt und ferner einen Gesamtbedarf von rund 100 Maschinen angemeldet. Der Beginn der Auslieferung ist für das Jahr 2000 festgelegt worden, er wird allerdings von der wirtschaftlichen Situation in Russland abhängen. Die Produktion des Musters soll im Werk Nischnij Nowgorod stattfinden. Das Konstruktionsbüro Jakowlew war in der Vergangenheit das Vielseitigste unter den Flugzeugunternehmen Russlands, mit einer breiten Produktpalette an Mustern für den militärischen sowie zivilen Einsatz.

Kategorie:	Fortgeschrittenentrainer, Crew 2.
Bewaffnung:	Noch nicht festgelegt, aber wahrscheinlich vier externe Flügelstationen für etwa 2500 kg Zuladung.
Antrieb:	Zwei Mantelstromtriebwerke DV-2S/RD-35 mit je 21,57 kN Standschub, keine Nachbrenner.
Hersteller:	JAK/AEM-130 Konsortium, Werk Nischnij Nowgorod, Russl.
Erstflug:	25.04.1996 / **Preis** ~ keine An. / **Prod. Maschinen** 1.
Photo:	(AEM): Prototyp Yak/AEM-130

Daten der Yak/AEM-130D

Spannweite 10,25 m, Länge 11,25 m, Höhe 4,77 m, Flügelfläche 23,45 m². Leermasse 4000 kg, Startmasse 6200 kg, mit Überlast 8000 kg, Treibstoff intern ~ 3000 l.
Höchstgeschwindigkeit 1000 km/h (Mach 0,90), Landegeschwindigkeit 185 km/h, Dienstgipfelhöhe 12 500 m, max. Steigleistung 56,5 m/s, Startrollstrecke 400 m, Überführungsreichweite 2200 km, Flugdauer rund 4 Stunden, Treibstoffverbrauch 1000 l/h.

KAMOW KA-25/KA-27/KA-32   Russland

Das Markenzeichen der Hubschrauber aus dem Konstruktionsbüro Kamow ist das koaxiale (gegenläufige) Rotorsystem ohne Heckrotor, sowie eine relativ kompakte Bauweise. Kamow begann im Jahr 1947 mit dem Bau von Hubschraubern und sein Werk wurde der zweitgrößte Produzent von Hubschraubern in der ehemaligen Sowjetunion neben dem Werk Mil. Das Erste bedeutende Muster war der *Ka-25*, der ab 1965 wegen seiner kompakten Bauweise auf den Schiffen der sowjetischen Marine zum Einsatz kam. Er wurde in etwa 400 Exemplaren produziert und er diente als Kampf- und Transport- sowie Such- und Rettungshubschrauber, seine Startmasse betrug 7500 kg.

Als Ersatz für den *Ka-25* entstand 1982 das vergrößerte Nachfolgemuster *Ka-27*, mit anfangs 9000 kg Startmasse und später 11 500 kg. Der *Ka-27* kann am Lasthaken 5000 kg Fracht extern transportieren oder in der Kabine bis zu 18 Infanteristen. In der Einsatzrolle als U-Bootjäger ist er mit zwei Torpedos ausgerüstet.

Der *Ka-28* ist die Exportvariante aus dem *Ka-27*, er beinhaltet einige Detailverbesserungen. Bei dem *Ka-29* handelt es sich um eine aufgewertete Ausführung aus dem *Ka-27*, mit einer verbesserten Flug- und Kampfelektronik, es wurden rund 70 Maschinen an die sowjetische Marine verkauft. Für das platzsparende Verstauen auf den Schiffen lassen sich die Rotorblätter von den Mustern *Ka-25* bis *Ka-29* nach hinten zusammenfalten.

Am weitesten verbreitet ist die seit rund 20 Jahren produzierte Version *Ka-32*, von der es eine ganze Reihe von Varianten für den militärischen und zivilen Einsatz gibt. Die Kabine des *Ka-32* bietet Platz für 18 Insassen oder 4000 kg Fracht. Für Rettungseinsätze kann neben der Kabinentür eine Winde mit 300 kg Tragfähigkeit eingebaut werden. Als Kranhubschrauber kann am externen Lasthaken eine Last bis 5000 kg auf kurzen Strecken befördert werden. Von den erwähnten Hubschraubern wurden rund 100 Maschinen exportiert.

Kategorie:	Kampf- und Mehrzweckhubschrauber, Crew 2 bis 3.
Bewaffnung:	Bomben, Lenkwaffen, Torpedos oder MG's bis max. 1500 kg.
Nutzmasse:	18 Soldaten oder 5000 kg Fracht am Lasthaken.
Antrieb:	(Ka-32): Zwei Turbinen Klimow TV3-117 mit je 1646 kW Startleistung.
Hersteller:	Konstruktionsbüro Kamow, Werk Kamertau, Russland.
Erstflug:	1977 / **Preis** ~ 10 Mio. US-$ / **Prod. Maschinen** ~ 500
Photo:	(H. Kreuzer): Ka-27 der russichen Streitkräfte.

Daten des Ka-32

Durchmesser des Hauptrotors 2 x 15,90 m, Rumpflänge 11,30 m, Höhe 5,40 m. Leermasse 5800 kg, Startmasse 11 000 kg, mit Überlast 12 600 kg, Treibstoff intern 3800 l. Höchstgeschwindigkeit 250 km/h, Dienstgipfelhöhe 5000 m, Schwebehöhe mit Bodeneffekt 3300 m, ohne Bodeneffekt 2500 m, max. Steigleistung 8 m/s, Überführungsreichweite 1000 km, Reichweite mit 4000 kg Nutzmasse 500 km, Treibstoffverbrauch 700 l/h.

Der schwer bewaffnete Kampfhubschrauber *Kamow Ka-50* entstand bereits Anfang der 80er Jahre, aber seine Existenz wurde bis zum Jahr 1989 verschwiegen. Das Muster stand im Wettbewerb mit dem Konkurrenztypen *Mil Mi-28* und im Jahr 1994 sollte die Serienproduktion des Siegermodells beginnen. Wegen der angespannten wirtschaftlichen Situation in Russland sind aber bis zur Gegenwart nur etwa 25 *Ka-50* hergestellt worden. Der *Ka-50* hat das traditionelle, koaxiale Rotorsystem der Kamow-Hubschrauber und die Cockpit, der Antrieb sowie die wichtigen Teile der Innenausrüstung sind durch eine Panzerung gegen den Beschuß von Bodenwaffen geschützt. Als Schutz gegen wärmegesteuerte Boden-Luft-Lenkwaffen wird der Abgasstrahl der Triebwerke nach oben abgeleitet und zusätzlich durch ein Klappensystem mit der kälteren Umgebungsluft vermischt. Für einen Hubschrauber einmalig ist beim *Ka-50* der Schleudersitz, sollte er in einem Notfall aktiviert werden, sorgt zuvor eine Vorrichtung für das Absprengen der drehenden Rotoren. Neben der richtbaren Bordkanone vom Kaliber 30 mm, kann das Muster an den beiden Waffenträgern seitlich des Rumpfes max. 2500 kg diverse Waffen mitführen, darunter 16 Panzerabwehrlenkwaffen oder vier Luft-Luft-Lenkwaffen oder Bomben. Ähnlich wie bei anderen Mustern dieser Kategorie, ist die Hauptaufgabe des *Ka-50* die Bekämpfung von Bodenzielen und der Begleitschutz von Bodentruppen.

Im Sommer 1997 begann die Flugerprobung mit der zweisitzigen Ausführung *Ka-52 Alligator*, sie ist für die Pilotenschulung und den Allwettereinsatz vorgesehen. Bis zum Jahr 2000 gab es keine Informationen über den Produktionsstatus der Muster *Ka-50/Ka-52* für die russischen Streitkräfte. Für beide Varianten gibt es einige ausländische Interessenten, aber bis dato gab es noch keinen Kaufvertrag. Das neueste Produkt von Kamow ist der Mehrzweckhubschrauber *Ka-60*, der eine zweijährige Testphase absolviert. Bei diesem Muster verzichtete man erstmals auf das traditionelle, koaxiale Rotorsystem.

Kategorie: Kampfhubschrauber, Crew 1 bis 2.
Bewaffnung: Eine Bordkanone Kaliber 30 mm und 16 Panzerabwehrlenkwaffen oder andere Waffen bis 2500 kg Gesamtmasse.
Antrieb: Zwei Turbinen Klimow TV3-117VMA mit je 1850 kW Startleistung.
Hersteller: Konstruktionsbüro Kamow, Werk Arsenjew, Russland.
Erstflug: 26.07.1982 / **Preis** ~ 15 Mio. US-$ / **Prod. Maschinen** ~ 25
Photo: (Piotr Butowski): Ka-50 der russichen Streitkräfte.

Daten des Ka-50

Durchmesser des Hauptrotors 2 x 14,50 m, Rumpflänge 15,00 m, Höhe 4,95 m. Leermasse 5500 kg, Startmasse 11 000 kg, Treibstoff intern 4500 l. Höchstgeschwindigkeit 310 km/h, Dienstgipfelhöhe 5300 m, Schwebehöhe mit Bodeneffekt 4200 m, ohne Bodeneffekt 3500 m, max. Steigleistung 9 m/s, Überführungsreichweite 1200 km, Einsatzradius mit 1000 kg Waffen 250 km, Treibstoffverbrauch 800 l/h.

Neben der Lizenzproduktion einer ganzen Reihe von Flugzeugtypen für den einheimischen Markt, entwickelte die japanische Luftfahrtindustrie auch mehrere eigene Konstruktionen. Ein Beispiel dafür ist der moderne Jettrainer *Kawasaki T-4* für die Luftstreitkräfte Japans, wo er die Muster Fuji *T-1* und Lockheed *T-33* bei der Pilotenschulung ersetzte. An dem Projekt *T-4* sind die japanischen Firmen Fuji sowie Mitsubishi mit je 30% beteiligt und die Firma Kawasaki ist mit 40% Anteil der Hauptauftragnehmer, verantwortlich für die Endmontage und das Einfliegen. Nahezu die gesamte Technologie der *T-4* stammt von der japanischen Industrie, inklusive des Antriebs. Für die Entwicklung und die Produktion der T-4-Triebwerke ist die Firma Ishihawajima Harima Heavy Industries – IHI verantwortlich.

Das Layout der T-4 entspricht dem anderer moderner Jettrainer, es hat eine Cockpit mit abgestuften Tandemsitzen für den Schüler sowie den Trainer und die Flugeigenschaften gelten als gutmütig. Erwähnenswert sind nach Angaben des Herstellers die exzellenten Flugeigenschaften des Musters über eine weite Geschwindigkeitsbandbreite, für die Grund- und Fortgeschrittenenschulung. Für die Waffenschulung befinden sich unter dem Flügel zwei Stationen für diverse Lenkwaffen oder Bomben bis max. 2000 kg und unter dem Rumpf ein MG-Behälter vom Kaliber 12,7 mm. Für längere Einsätze sowie für Überführungsflüge können unter dem Flügel zwei Zusatztanks für je 475 l mitgeführt werden. Der Erste von vier Prototypen *XT-4* begann im Sommer 1985 mit der Flugerprobung und ab September 1988 kamen die ersten Serienmaschinen in den aktiven Dienst. Bis Ende 2000 sollen alle 200 bestellten Exemplare ausgeliefert sein. Zukünftig will man die *T-4* neben der Pilotenschulung auch für den Zielschleppflug sowie für die elektronische Kriegführung (ECM) einsetzen. Die Firma Kawasaki wurde bereits im Jahr 1879 als Schiffswerft gegründet, 1923 begann die Produktion von Flugzeugen.

Kategorie:	Basis- und Fortgeschrittenentrainer, Crew 2.
Bewaffnung:	(Als Option): Ein MG-Behälter unter dem Rumpf und zwei Luft-Luft-Lenkwaffen unter dem Flügel oder zwei Bomben.
Antrieb:	Zwei Mantelstromtriebwerke F3-IHI-30 mit je 16,36 kN Standschub, keine Nachbrenner.
Hersteller:	Kawasaki Heavy Industries, Werk Gifu, Japan.
Erstflug:	29.07.1985 / **Preis** ~ 15 Mio. US-$ / **Prod. Maschinen** 200
Photo:	(Kawasaki): Vier T-4 der japanischen Streitkräfte.

Daten der T-4

Spannweite 9,90 m, Länge 13,00 m, Höhe 4,60 m, Flügelfläche 21,50 m².
Leermasse 3800 kg, Startmasse 5690 kg, mit Überlast 7500 kg,
Treibstoff intern 2200 l, extern 950 l.
Höchstgeschwindigkeit 1038 km/h (Mach 0,91), Landegeschwindigkeit 190 km/h, Dienstgipfelhöhe 15 240 m, max. Steigleistung 50,5 m/s, Startrollstrecke 610 m, Überführungsreichweite 1660 km, Einsatzradius mit 500 kg Waffen 450 km, Treibstoffverbrauch 1300 l/h.

LMAASA/FMA IA-63 PAMPA   Argentinien

Zur Modernisierung des Trainingsystems bei der Luftwaffe Argentiniens entstand vor 20 Jahren der moderne Jettrainer *IA-63 Pampa*, der das betagte französische Muster Morane Saulnier *MS-760* ersetzte. Mit der Entwicklung des neuen Musters wurde die einheimische Firma *FMA* – Fabrica Militar de Aviones beauftragt. Da die FMA für ein solches Projekt nicht über ausreichendes technologisches Know-how verfügte, schloß man im Mai 1980 mit der deutschen Firma Dornier GmbH ein Abkommen über einen Technologietransfer für das Projekt *IA-63*.

Das Design der Pampa entspricht dem zahlreicher gegenwärtiger Jettrainer, lediglich der Antrieb mit nur einem Mantelstromtriebwerk ist eher selten. Deswegen wählte man zur möglichst hohen Betriebssicherheit das bewährte und zuverlässige Triebwerk Garrett TFE731 mit 15,6 kN Standschub. Neben der Haupteinsatzrolle als Trainer, wurde das Muster auch für leichte Kampfaufgaben ausgelegt und für diesen Zweck erhielt es insgesamt fünf externe Waffenstationen für max. 1160 kg Gesamtlast. Die verwendete Waffenpalette besteht aus einem Kanonenbehälter Kaliber 30 mm unter dem Rumpf mit 145 Schuß und sechs Bomben von je 200 kg oder diversen anderen Kombinationen.

Das Fahrwerk ist auch für den Einsatz auf Pisten mit Naturbelag ausgelegt. Wegen der alternativen Einsatzrolle als Kampfflugzeug besitzt das Cockpit zwei Schleudersitze. Mit der Ablieferung der Pampa an die Luftwaffe wurde im Herbst 1987 begonnen und bis 1995 waren alle 80 bestellten Einheiten ausgeliefert. Ab 2001 ist die Lieferung von 20 weiteren Einheiten geplant. Die Firma FMA entwickelte und baute seit dem Ende der 40er Jahre Flugzeuge für die einheimischen Luftstreitkräfte, darunter das Kampfflugzeug *IA-58 Pucara*. 1998 übernahm Lockheed Martin aus den USA das Management des Unternehmens von dem Militär und die neue Firmenbezeichnung lautet jetzt Lockheed Martin Aircraft Argentina S.A. – *LMAASA*.

Kategorie: Trainer und leichtes Kampfflugzeug, Crew 2.
Bewaffnung: (Option): Eine Kanone Kaliber 30 mm und diverse weitere Waffen an vier externen Stationen bis 1160 kg Gesamtlast.
Antrieb: Ein Mantelstromtriebwerk Garrett TFE731-2 mit 15,6 kN Standschub, kein Nachbrenner.
Hersteller: LMAASA/FMA, Werk Cordoba, Argentinien.
Erstflug: 06.10.1984 / **Preis** ~ 5 Mio. US-$ / **Prod. Maschinen** 80.
Photo: (LMAASA): IA-63 Pampa

Daten der IA-63

Spannweite 9,69 m, Länge 10,90 m, Höhe 4,30 m, Flügelfläche 15,63 m².
Leermasse 2600 kg, Startmasse 3700 kg, mit Überlast 5000 kg,
Treibstoff 1383 l.
Höchstgeschwindigkeit 800 km/h (Mach 0,74), Landegeschwind. 180 km/h,
Dienstgipfelhöhe 12 900 m, max. Steigleistung 27 m/s, Startrollstrecke
400 m, Überführungsreichweite 1500 km, Einsatzradius mit 500 kg
Waffen 450 km, Treibstoffverbrauch 550 l/h.

LOCKHEED C-130E/H HERCULES   USA

Mit der Entwicklung der *C-130 Hercules* wurde vor rund 50 Jahren bei Lockheed in Kalifornien begonnen und kaum ein anderes Flugzeug erhielt eine ähnlich zeitlose Konstruktion wie dieses Muster. Die Hercules steht weiter in der Serienproduktion, sie wurde an Streitkräfte in rund 55 Ländern exportiert und sie ist mit knapp 2000 im Einsatz befindlichen Maschinen der wichtigste Militärtransporter der Welt. Die Basisversion *C-130A* kam im Dezember 1956 bei der US Air Force erstmals zum Einsatz, sie hat eine max. Startmasse von anfangs 46,3 t und später 56,4 t, ferner hat sie 16,6 t Nutzmasse und ihr Antrieb besteht aus vier Propellerturbinen Allison T56-A-1 mit je 2800 kW Startleistung. Nach dem Bau von 205 Maschinen stellte man im Sommer 1959 die Produktion auf die verstärkte Version *C-130B* um, sie besitzt stärkere Turbinen T56-A-7 mit je 3022 kW Startleistung sowie erstmals Vierblatt-Luftschrauben, mehr Tankkapazität und 61,2 t max. Startmasse, total wurden 230 Maschinen gebaut. Sehr erfolgreich war mit rund 500 gebauten Exemplaren die Version *C-130E*, von der die US-Streitkräfte ab April 1962 rund 400 Maschinen einsetzen. Gegenüber der B-Version hat die E-Version weiter leistungsgesteigerte Triebwerke (T56-A-7A), ferner zwei externe Treibstofftanks unter dem Flügel für je 5148 l, eine Startmasse von 79 380 kg und zahlreiche interne Detailverbesserungen. Am erfolgreichsten ist mit rund 1000 verkauften Exemplaren die seit 1965 gebaute Version *C-130H*, von der etwa 300 an die US-Streitkräfte gingen und der Rest wurde exportiert. Die US-Streitkräfte ließen zahlreiche *C-130E* auf den Standard der *C-130H* nachrüsten. Neben weiteren Detailverbesserungen besitzt die *C-130H* stärkere Triebwerke und eine Anlage für die Betankung im Flug. Für mehrere Exportkunden entstand die verlängerte Ausführung *C-130H-30,* mit einem um 4,6 m verlängerten Rumpf. Die Produktion der *C-130H* endete im Sommer 1996 zu Gunsten der neuen Hercules-Generation *C-130J.*

Kategorie:	Militärtransporter für Mittel- und Langstrecken, Crew 5.
Bewaffnung:	Keine
Nutzmasse:	19 369 kg oder 92 Soldaten, (C-130H-30) 128 Soldaten.
Antrieb:	(C-130H): Vier Propellerturbinen Allison T56-A-15 mit je 3664 kW, gedrosselt auf je 3022 kW Startleistung.
Hersteller:	Lockheed Georgia Company, Werk Marietta, USA.
Erstflug:	23.08.1954 / **Preis** ~ 35 Mio. US-$ / **Prod. Maschinen** 2050.
Photo:	(RAAF): Eine Hercules der australischen Luftwaffe.

Daten der C-130H

Spannweite 40,41 m, Länge 29,80 m, Höhe 11,66 m, Flügelfläche 162,2 m². Leermasse 34 675 kg, Startmasse 70 307 kg, mit Überlast 79 380 kg, Treibstoff intern 26 328 l, extern 10 296 l.
Höchstgeschwindigkeit 605 km/h, Landegeschwindigkeit 185 km/h, Dienstgipfelhöhe 10 000 m, max. Steigleistung 9,7 m/s, Startrollstrecke 1200 m, Überführungsreichweite 8000 km, Reichweite mit max. Nutzmasse 3800 km, Treibstoffverbrauch 2300 l/h.

LOCKHEED MARTIN C-130J HERCULES   USA

Als im Mai 1992 die 2000. Maschine aus der C-130-Baureihe ausgeliefert wurde, war abzusehen, daß die weltberühmte Hercules nach über 35 Produktionsjahren eine technologische „Verjüngungskur" benötigte. Lockheed begann zu diesem Zeitpunkt unter der Typenbezeichnung *C-130J* mit den Studien für eine moderne Hercules, bei der man die bewährte sowie robuste Zelle des Musters mit dem technologischen Fortschritt der 90er Jahre kombinieren konnte.

Kernpunkte des Modernisierungsprogrammes sind u. A. die fortschrittliche Propellerturbine Allison/Rolls-Royce *AE2100D3* mit geräuscharmen Sechsblatt-Luftschrauben mit 4,12 m Durchmesser, ferner eine digitale Avionik, mit der man die Besatzung auf zwei Piloten und einen Lademeister reduzieren kann und eine fortschrittliche Computertechnologie für nahezu alle Überwachungsfunktionen. Die max. Leistung der Turbinen von je 4478 kW hat man auf je 3426 kW Startleistung gedrosselt, um genügend Leistungsvorrat für einen eventuellen Triebwerkausfall bereit zu halten und ferner um den Verschleiß sowie den Treibstoffverbrauch zu reduzieren. Im Vergleich zur Version *C-130E*, hat die *C-130J* rund 40% mehr Reichweite mit voller Nutzmasse, rund 10% mehr Geschwindigkeit und sie braucht rund 40% weniger Treibstoff. Die britische Royal Air Force stellte als erster Abnehmer die *C-130J* im November 1999 in den aktiven Dienst, sie erhält bis 2001 zehn *C-130J* und 15 verlängerte *C-130J-30*. Weitere Besteller sind die Royal Australian Air Force mit 12 Maschinen, die Luftwaffe von Italien mit 18 Maschinen und die US-Streitkräfte mit 28 Maschinen. Lockheed Martin rechnet mit einem weltweiten Bedarf von 700 *C-130J*, um die älteren C-130-Versionen in den nächsten 10 bis 15 Jahren zu ersetzen. Der Laderaum der Hercules ist 3,05 m breit, 2,74 m hoch und 12,30 m lang. Das Muster wird auch als fliegende Frühwarnstation (*AEW & C*) oder als Lufttanker (*KC-130J*) angeboten.

Kategorie:	Militärtransporter für Mittel- und Langstrecken, Crew 3.
Bewaffnung:	Keine
Nutzmasse:	19 369 kg, C-130J-30 gleich 17 722 kg oder 92/128 Soldaten
Antrieb:	Vier Propellerturbinen Allison/Rolls-Royce AE2100D3 mit je 4478 kW, gedrosselt auf je 3426 kW Startleistung.
Hersteller:	Lockheed Martin Aeronautics, Werk Marietta, USA.
Erstflug:	05.04.1996 / **Preis** ~ 55 Mio. US-\$ / **Prod. Maschinen** 25.
Photo:	(Rolls-Royce): C-130J der US Air Force.

Daten der C-130J

Spannweite 40,41 m, Länge 29,80 m, Höhe 11,66 m, Flügelfläche 162,2 m². Leermasse 34 300 kg, Startmasse 70 307 kg, mit Überlast 79 380 kg, Treibstoff intern 34 125 l.
Höchstgeschwindigkeit 650 km/h, Landegeschwindigkeit 185 km/h, Dienstgipfelhöhe 10 000 m, max. Steigleistung 10,7 m/s, Startrollstrecke 1000 m, Überführungsreichweite 9200 km, Reichweite mit max. Nutzmasse 5200 km, Treibstoffverbrauch 1850 l/h.

LOCKHEED U-2R/U-2S   USA

Unter strenger Geheimhaltung begann Mitte der 50er Jahre die Entwicklung des bekannten Spionageflugzeuges *Lockheed U-2*. Angeregt wurde die Entwicklung dieses Flugzeuges durch den US-Geheimdienst CIA, und zur Verschleierung des wahren Einsatzzweckes gab man dem Muster die Typenbezeichnung *U-2*, U = Utility (Mehrzweckflugzeug). Ab 1956 kamen von der Basisversion *U-2A* etwa 40 Maschinen zum Einsatz. Populär wurde das Muster, als am 1. Mai 1960 eine *U-2A* während eines geheimen Fluges über der ehemaligen Sowjetunion bei Swerdlowsk abgeschossen wurde. Aus der *U-2A* entstanden durch verschiedene Modifizierungen mehrere Varianten, darunter auch die zweisitzige *U-2CT* für Schulungszwecke. Die Basisversion hatte eine Startmasse von 10 475 kg, der Antrieb bestand anfangs aus dem Strahltriebwerk Pratt & Whitney J57-P37 mit 46,7 kN Standschub und später ersetzte man es durch die stärkere Variante J75 mit 75,6 kN Standschub. Im Jahr 1968 kam die erheblich verstärkte *U-2R* in den Einsatz, es gab wahrscheinlich nur 12 Serienmaschinen. Gegenüber der Basisausführung hat die *U-2R* einen größeren Flügel mit 7 m mehr Spannweite, der Rumpf ist rund 4 m länger, die Tankkapazität stieg auf 6000 l und die Startmasse beträgt 18 144 kg. Ab 1981 produzierte Lockheed 27 weitere *U-2R*, davon zwei unter der Typenbezeichnung *ER-2* für die NASA zur zivilen Erderkundung, ER = Earth Research. Die Maschinen der letzten Bauloses haben eine weiter verbesserte Aufklärungselektronik, die je nach Einsatzmission bis 1814 kg schwer ist und für die schnelle Ausrüstung stehen fertige Sets zur Verfügung. Untergebracht sind diese Sets im Rumpf und in den beiden Flügelgondeln. Ab 1994 wurden alle etwa 35 verbliebenen *U-2R* mit dem fortschrittlicheren Mantelstromtriebwerk General Electric F118-GE-101 umgerüstet und sie tragen die neue Typenbezeichnung *U-2S*. Die *U-2S* wird weltweit für Spionagemissionen eingesetzt und sie wird noch mindestens 25 Jahre im Einsatz bleiben. Die Heimatbasis der *U-2S* ist die Beale Air Force Base in Nordkalifornien.

Kategorie:	Aufklärungsflugzeug für Langstrecken, Crew 1.
Bewaffnung:	Keine.
Nutzmasse:	Aufklärungsausrüstung, 1361 kg bis 1814 kg.
Antrieb:	(U-2S): Ein Mantelstromtriebwerk General Electric F118-GE-101 mit 84,49 kN Standschub, kein Nachbrenner.
Hersteller:	Lockheed Skunk Works, Werk Palmdale, USA.
Erstflug:	01.08.1955 / **Preis** ~ 25 Mio. US-$ / **Prod. Maschinen** ~ 80.
Photo:	(Lockheed): Eine zivile ER-2 der NASA.

Daten der U-2S

Spannweite 31,40 m, Länge 19,20 m, Höhe 4,88 m, Flügelfläche 92,90 m².
Leermasse 6805 kg, Startmasse 18 847kg, Treibstoff 10 870 l.
Höchstgeschwindigkeit 700 km/h (Mach 0,62), Landegeschwindigkeit 150 km/h, Dienstgipfelhöhe 27 440 m, max. Steigleistung 25 m/s, Startrollstrecke 300 m, Überführungsreichweite 6000 km, Einsatzdauer max. 13 Stunden, Treibstoffverbrauch 760 l/h.

LOCKHEED MARTIN P-3C ORION USA

Das maritime Langstreckenüberwachungs- und Kampfflugzeug Lockheed *P-3 Orion* kam im Herbst 1962 während der Kubakrise erstmals in den aktiven Einsatz und es ist gegenwärtig mit rund 600 Maschinen das Wichtigste und kampfstärkste Muster in seiner Kategorie. Die Entwicklung der *P-3* begann im Jahr 1957, um das Muster Lockheed *P2V Neptune* abzulösen. Als Konstruktionsbasis für die *P-3* diente der Turboprop-Airliner L-188 Electra, gegenüber dem die *P-3* einen um 2,13 m gekürzten Vorderrumpf bekam, ferner einen neugestalteten Rumpfbug, größere Cockpitfenster, eine generell verstärkte Zelle mit einem intensiven Korrosionsschutz gegen das Meerwasser und zehn Waffenaufhängepunkte unter dem Flügel für eine Gesamtlast von 3514 kg. Den zehn bis zwölf Aufklärungsoffizieren steht in der geräumigen Kabine die neueste Computer- und Elektroniktechnologie zur Verfügung, u. A. zum Aufspüren und Bekämpfen von getauchten U-Boo-ten. Die US Navy erhielt bis 1991 insgesamt 568 *P-3*, davon 157 *P-3A*, 124 *P-3B* und 287 *P-3C*. Gegenwärtig steht keine *P-3A* mehr im Dienst, die *P-3B* hat Reservestatus und die *P-3C* wurde ab 1975 durch insgesamt vier Modernisierungsprogramme (Update I bis IV) schrittweise mit der neusten Elektronik aufgewertet. Von Lockheed wurden 649 *P-3* produziert und Kawasaki in Japan baute weitere 118 Maschinen in Lizenz für die einheimische Marine, davon 113 *P-3C*, 4 *EP-3* und eine *UP-3C*. Für die elektronische Aufklärung (Spionage), ließ die US Navy rund 25 *P-3B/C* in die Variante *EP-3A/3E* umrüsten, erkennbar an der großen Radarschüssel unter dem Vorderrumpf. Folgende weitere Länder setzen die *P-3B/3C* ein: Australien 20, Iran 6, Kanada 18 (*CP-140 Aurora*), Korea 8, Neuseeland 5, die Niederlande 13, Norwegen 7, Pakistan 2, Portugal 6, Spanien 7 und Thailand 2. Brasilien wird 12 *P-3A/B* von der US Navy kaufen und ab 2002 als *P-3C* Update II einsetzen. Lockheed verlegte 1993 die Montage der *P-3C* von Burbank nach Marietta, seit 1995 wurde keine Maschine mehr gebaut.

Kategorie:	Maritimes Überwachungs- und Kampfflugzeug, Crew 10-18.
Bewaffnung:	Bis max. 9072 kg Waffen intern und extern, bestehend aus Tiefenbomben, Torpedos und diversen Lenkwaffen.
Antrieb:	(P-3C): Vier Propellerturbinen Allison T56-A-14 mit je 3664 kW Startleistung.
Hersteller:	Lockheed Martin Aeronautics, Werk Marietta, USA.
Erstflug:	25.11.1959 / **Preis** ~ 300 Mio. US-$ / **Prod. Maschinen** 767.
Photo:	(US Navy): P-3C der US Navy

Daten der P-3C

Spannweite 30,38 m, Länge 35,61 m, Höhe 10,27 m, Flügelfläche 120,8 m². Leermasse 27 890 kg, Startmasse 61 236 kg, mit Überlast 64 411 kg, Treibstoff intern 35 440 l.
Höchstgeschwindigkeit 760 km/h, Landegeschwindigkeit 200 km/h, Dienstgipfelhöhe 10 365 m, max. Steigleistung 13 m/s, Startrollstrecke 1200 m, Überführungsreichweite 8300 km, Einsatzradius mit 5000 kg Waffen 3000 km, max. Einsatzdauer 17 Stunden, Treibstoffverbrauch 2850 l/h.

LOCKHEED C-141B STARLIFTER   USA

Mit dem strategischen Militärtransporter Lockheed *C-141A StarLifter* entstand das erste Muster in dieser Kategorie mit Jetantrieb. Der *StarLifter* hat die doppelte Transportkapazität der *C-130 Hercules* und er wurde für die Einsatzbedingungen des Military Airlift Command der US Air Force ausgelegt. Der Tragflügel ist über dem Rumpf angeordnet, er hat eine Pfeilung von 23° sowie eine negative V-Stellung und sein wirksames Auftriebsystem sorgt dafür, daß der große Jet auch bei voller Startmasse nach 1500 m Anlaufstrecke abhebt. Im April 1965 kam der erste *StarLifter* bei dem MAC in den Transporteinsatz und bis 1968 waren alle 284 bestellten Maschinen der Basisversion *C-141A* ausgeliefert. Bei 143 610 kg max. Startmasse betrug die Nutzmasse gewöhnlich 33 000 kg, oder 154 Soldaten beim Einsatz als Truppentransporter. Das Muster kam intensiv während des Vietnamkrieges zum Einsatz, wobei es alle notwendigen Kriegsgüter über den Pazifik transportierte, aber auch die traurige Fracht von Tausenden gefallener GIs.

Zwischen 1979 bis 1982 ließ das MAC 270 *C-141A* durch ein Modernisierungs- und Vergrößerungsprogramm aufwerten. Dafür wurde der Rumpf der ursprünglichen *C-141A* um 7,11 m verlängert mit rund 30% mehr Ladevolumen, ferner bekamen die tragenden Teile der Zelle eine Verstärkung, um die Startmasse auf 155 585 kg zu steigern und es wurde eine Anlage zur Betankung in der Luft eingebaut. Die umgerüsteten Maschinen tragen die neue Typenbezeichnung *C-141B*, sie haben eine gesteigerte Nutzmasse von 42 869 kg oder Platz für 205 Soldaten beim Truppentransport. Der Laderaum ist 3,11 m breit, 2,8 m hoch und 28,4 m lang, für den Transport von Paletten ist der Kabinenboden mit einem sogenannnten Rollenteppich ausgerüstet, der das Be- und Entladen erleichtert. Obwohl der *StarLifter* bereits seit 35 Jahren im Dienst steht, gibt es noch keine genauen Pläne für die Ablösung dieses robusten Musters. Gegenwärtig wird es mit einer aufgewerteten Cockpitausrüstung ausgestattet.

Kategorie:	Militärtransporter für Langstrecken, Crew 4 bis 5.
Bewaffnung:	Keine
Nutzmasse:	42 869 kg Fracht oder 205 Soldaten oder 166 Infanteristen.
Antrieb:	Vier Mantelstromtriebwerke Pratt & Whitney TF33-P-7 mit je 93,4 kN Standschub, keine Nachbrenner.
Hersteller:	Lockheed Georgia Company, Werk Marietta, USA.
Erstflug:	17.12.1963 / **Preis** ~ 10 Mio. US-$ / **Prod. Maschinen** 284.
Photo:	(Lockheed): C-141B

Daten der C-141B

Spannweite 48,74 m, Länge 51,30 m, Höhe 11,97 m, Flügelfläche 300,0 m². Leermasse 67 190 kg, Startmasse 146 560 kg, mit Überlast 155 585 kg, Treibstoff 89 305 l.
Höchstgeschwindigkeit 920 km/h, Landegeschwindigkeit 220 km/h, Dienstgipfelhöhe 12 700 m, max. Steigleistung 13,2 m/s, Startrollstrecke 1200 m, Überführungsreichweite 11 000 km, Reichweite mit max. Nutzmasse 4750 km, Treibstoffverbrauch 8000 l/h.

LOCKHEED C-5 GALAXY   USA

Die Mächtige *C-5 Galaxy* von der Firma Lockheed ist der erste Jumbo Jet unter den Militärtransportern und seit 30 Jahren das schwerste Flugzeug bei den US-Streitkräften. Mit der Entwicklung der *C-5* wurde im Jahr 1963 begonnen, als das MAC – Military Airlift Command eine Ausschreibung für einen strategischen Transporter mit 250 000 Pfund (113 400 kg) Nutzmasse herausgab. Lockheed gewann diese Ausschreibung mit dem Projekt *Model 500* und wurde somit Lieferant von drei wichtigen Militärtransportern für das MAC, der *C-130*, der *C-141* und der Neuen *C-5*. Die *C-5* wurde nach dem gleichen Design entworfen wie die *C-141* und sie kann trotz der doppelten Betriebsgewichte die gleichen Start- und Landebahnen nutzen, wie die kleinere Schwestermaschine. Das Hauptfahrwerk besitzt 28 Räder, mit denen die Gesamtlast von rund 350 t auf rund 13 t je Rad verteilt wird. Der mächtige Rumpf der *C-5* ist druckbelüftet, er hat rund 985 m³ Ladevolumen und er ist 5,8 m breit, 4,1 m hoch sowie 36,9 m lang. Er bietet Platz für 345 Soldaten, er kann Einzellasten bis 55 t aufnehmen, z. B. zwei Panzer M61, und die Be- und Entladung erfolgt entweder über das Rumpfheck oder den hochklappbaren Rumpfbug. Die Basisversion *C-5A* kam im Januar 1970 in den aktiven Dienst und bis 1981 waren alle 81 bestellten Maschinen ausgeliefert. Die *C-5A* hatte eine Startmasse von 348 818 kg und mit voller Nutzmasse 4800 km Reichweite. Zwischen 1985 bis 1989 erwarb das MAC weitere 50 Maschinen von der verstärkten Ausführung *C-5B*. Diese besitzt einen neuen, verstärkten Flügel, schubstärkere Triebwerke und andere interne Detailverbesserungen, die Startmasse stieg auf 379 663 kg. Auch die 76 verbliebenen *C-5A* ließ das MAC auf den Standard der *C-5B* nachrüsten. Unter der Projektbezeichnung *C-5M*, will man in den nächsten Jahren die C-5B-Flotte modernisieren, u. A. durch eine Umrüstung auf das fortschrittlichere Mantelstromtriebwerk General Electric CF6-80C2 und durch den Einbau einer neuen Avionik von der Firma Honeywell.

Kategorie:	Militärtransporter für Langstrecken, Crew 5 bis 6.
Bewaffnung:	Keine
Nutzmasse:	118 389 kg Fracht oder 345 ausgerüstete Soldaten.
Antrieb:	Vier Mantelstromtriebwerke General Electric TF39-GE-1C mit je 191,67 kN Standschub.
Hersteller:	Lockheed Georgia Company, Werk Marietta, USA.
Erstflug:	30.06.1968 / **Preis** ~ 160 Mio. US-$ / **Prod. Maschinen** 131.
Photo:	(Lockheed): C-5B

Daten der C-5B

Spannweite 67,88 m, Länge 75,54 m, Höhe 19,85 m, Flügelfläche 576,0 m². Leermasse 169 646 kg, Startmasse 348 818 kg, mit Überlast 379 663 kg, Treibstoff 193 584 l.
Höchstgeschwindigkeit 920 km/h, Landegeschwindigkeit 225 km/h, Dienstgipfelhöhe 10 900 m, max. Steigleistung 8,8 m/s, Startrollstrecke 2200 m, Überführungsreichweite 11 000 km, Reichweite mit max. Nutzmasse 4900 km, Treibstoffverbrauch 13 000 l/h.

LOCKHEED S-3A/B VIKING   USA

Die bordgestützte Lockheed *S-3 Viking* begann vor 25 Jahren ihren Dienst
bei der US Navy und ihre primäre Einsatzaufgabe ist der Schutz der Flugzeugträger oder eines ganzen Flottenverbandes vor feindlichen U-Booten,
also ASW-Einsatz, ASW = Anti-Submarine Warfare. Mit der Entwicklung der
S-3 wurde 1966 begonnen, 1972 fand der Erstflug statt und im Sommer
1975 kam die Basisversion *S-3A* auf dem Flugzeugträger USS John F.
Kennedy in den aktiven Dienst. Zwischen 1974 bis 1978 wurden 187 Maschinen an die US Navy ausgeliefert, davon acht Vorserienmaschinen *YS-
3A* und 179 Serienmaschinen *S-3A*. An dem Projekt *S-3A Viking* war Lockheed der Hauptauftragnehmer, zuständig für die Entwicklung und den Bau
des Rumpfes sowie der Endmontage im Werk Palmdale, der Firmenver-
band LTV (Ling/Temco/Vought) baute den Flügel, das Leitwerk, die Motor-
gondeln und das Fahrwerk, General Electric entwickelte das Mantelstromtriebwerk *TF34* und die Firma Univac entwickelte das umfangreiche Bord-
computersystem, dessen Preis höher ist, als die Zelle und des Antrieb der
Viking.
Die Zelle der Viking ist sehr kompakt ausgelegt, der Flügel und das Leitwerk lassen sich in etwa der Hälfte der Spannweite zusammenklappen, für
das raumsparende Verstauen am Trägerdeck. Das Muster kann in der Luft
aufgetankt werden. Die Waffen werden in zwei Rumpfschächten und an
zwei externen Stationen befördert. Für die elektronische Aufklärung ließ die
US Navy 16 Maschinen in die Variante *ES-3A* umrüsten, die aber mittler-
weile ausgemustert wurden. Vier weitere Maschinen rüstete man in eine
Transportversion um (*US-3A*), sie haben einen um 1,8 m verlängerten
Rumpf mit Platz für 11 Insassen oder 2600 kg Fracht. Ab 1989 wurden 125
S-3A auf den Standard *S-3B* modernisiert, dazu zählt die Aufwertung der
Bordelektronik und die Ausrüstung mit zwei Anti-Schiff-Lenkwaffen *AGM-84
Harpoon*. Diese Waffe wiegt 545 kg und sie hat 140 km Reichweite.

Kategorie:	Bordgestütztes Kampfflugzeug, Crew 4.
Bewaffnung:	Max. 3175 kg, davon 1814 kg an 2 externen Stationen, 4 Tor-pedos oder 4 Tiefenbomben oder 2 Lenkwaffen AGM-84.
Antrieb:	Zwei Mantelstromtriebwerke General Electric TF34-GE-2 mit je 41,2 kN Standschub, keine Nachbrenner.
Hersteller:	Lockheed und LTV, Werk Palmdale, USA.
Erstflug:	21.01.1972 / **Preis** ~ 100 Mio. US-$ / **Prod. Maschinen** 187.
Photo:	(US Navy): S-3B

Daten der S-3B

Spannweite 20,95 m, Länge 16,24 m, Höhe 6,92 m, Flügelfläche 55,55 m².
Leermasse 12 088 kg, Startmasse 19 277 kg, mit Überlast 23 832 kg,
Treibstoff intern 7200 l, extern 2272 l.
Höchstgeschwindigkeit 815 km/h, Landegeschwindigkeit 185 km/h, Dienst-
gipfelhöhe 10 670 m, max. Steigleistung 21 m/s, Startrollstrecke 670 m,
Überführungsreichweite 5500 km, Einsatzradius mit 1500 kg Waffen
1700 km, max. Einsatzdauer 8 Stunden, Treibstoffverbrauch 1400 l/h.

LOCKHEED MARTIN F-16 FIGHTING FALCON   USA

Die *F-16 Fighting Falcon* ist das erfolgreichste Kampfflugzeug der Gegenwart. Sie wird in 21 Ländern der Welt eingesetzt und es stehen rund 4000 Maschinen im Dienst, davon allein rund 2200 bei den US-Streitkräften. Die *F-16* war ursprünglich ein Produkt des Luftfahrtkonzerns General Dynamics aus Fort Worth, Texas, der 1993 von Lockheed Martin übernommen wurde. Mit den Projektstudien für die *F-16* wurde bereits 1968 begonnen und das Ziel der Entwicklung war ein leichtes , besonders wendiges Jagdflugzeug in der Gewichtsklasse von rund 10 000 kg. Im Jahr 1974 begann die Flugerprobung und im Januar 1979 begann die Basisversion *F-16A* den aktiven Dienst bei der US Air Force. Für Schulungszwecke entstand die zweisitzige Version *F-16B*, sie hat durch den 2. Sitz gegenüber der *F-16A* 850 l weniger Tankkapazität. Die NATO Länder Belgien, Dänemark, die Niederlande und Norwegen wählten im Sommer 1975 die *F-16* als gemeinsamen Standardjäger aus, der Gesamtbedarf von 446 Maschinen wurde von Fokker in den Niederlanden sowie von SABCA in Belgien in Lizenz hergestellt. Ab 1984 lösten die neuen Versionen *F-16C* bzw. *F-16D* (Zweisitzer) die älteren Versionen in der Produktion ab. Sie beinhalten eine ganze Reihe von Detailverbesserungen in der Ausrüstung, ferner haben sie schubstärkere Triebwerke und sie sind teilweise für Mehrzweckkampfeinsätze ausgerüstet. Weitere Verbesserungen wurden in den verschiedenen Baulosen, den sogenannten Blocks eingeführt, *Block 60* ist gegenwärtig der Fortschrittlichste. Für den Antrieb der *F-16* steht entweder das Triebwerk General Electric *F110* oder das Pratt & Whitney *F100* zur Verfügung, beide in der Leistungsklasse von 105 bis 130 kN Standschub mit Nachbrenner. Für den Luftkampf beträgt die ideale Masse 10 t bis 11 t, während für Einsätze gegen Bodenziele die Masse bis 19 t beträgt. Gegenwärtig läßt die USAF rund 700 *F-16A/B* durch eine fortschrittlichere Avionik modernisieren und diesem Beispiel will man auch bei anderen Betreibern der *F-16* folgen.

Kategorie:	Jagd- und Mehrzweckkampfflugzeug, Crew 1.
Bewaffnung:	Eine Bordkan. Kal. 20 mm (500 Schuß Vorrat) und 6 Luft-Luft-Lenkwaffen oder andere Waffen bis 9275 kg an 11 Stat.
Antrieb:	1 Mantelstromtriebwerk G/E F110-GE-129 oder P/W F100-PW-229 mit ca. 78 kN ohne und ca. 130 kN mit Nachbrenner.
Hersteller:	Lockheed Martin, Werk Fort Worth, USA.
Erstflug:	02.02.1974 / **Preis** ~ 35 Mio. US-$ / **Prod. Maschin.** ~ 4000
Photo:	(Lockheed):Zwei F-16C der US Air Force.

Daten der F-16C

Spannweite 9,45 m, Länge 15,03 m, Höhe 5,09 m, Flügelfläche 27,91 m². Leermasse 8437 kg, Startmasse 11 375 kg, mit Überlast 19 187 kg, Treibstoff intern 4060 l, extern 5810 l. Höchstgeschwindigkeit 2200 km/h (Mach 2,0), Landegeschwindigkeit 270 km/h, Dienstgipfelhöhe 17 900 m, max. Steigleistung 255 m/s, Startrollstrecke 500 m, Überführungsreichweite 3900 km, Einsatzradius mit 3000 kg Waffen 600 km, Treibstoffverbrauch 1700 l/h.

LOCKHEED F-117A NIGHTHAWK　　　　　　　　USA

Die *F-117A Nighthawk* ist das erste Flugzeug mit der sogenannten Stealth-Technologie. Diese Technologie nutzt radarstrahlen-absorbierende Verbundwerkstoffe, eine mattschwarze Lackierung und zahlreiche kristalförmige Kanten, um die Erfassung mit dem Radar fast auszuschließen. Ferner verteilt eine raffiniertes Abgassystem die Abgase der Triebwerke, um auch diese Quelle für die Radarerfassung zu stören. Mit der Entwicklung der *F-117A* wurde im Jahr 1978 unter strenger Geheimhaltung bei der bekannten Entwicklungsabteilung Skunk Works von Lockheed begonnen, wo schon so bekannte Muster wie die *U-2*, der *Starfighter* und die *SR-71* ihre Formen bekamen. Das Design der *F-117A*, ist bedingt durch seine Einsatzaufgaben, futuristisch, es hat einen Flügel mit 67,5 ° Pfeilung, ein v-förmiges Leitwerk und eine breite Öffnung für den Abgasstrahl der Triebwerke. Die Steuerung erfolgt mittels Fly-by-Wire-Technologie und eine Anlage zur Luftbetankung gibt dem Muster eine strategische Reichweite. Zur Verschleierung des wahren Einsatzzweckes bekam das Muster den Typenbuchstaben F = Fighter (Jäger), entwickelt wurde es aber als ein Bomber für präzise Punktangriffe gegen strategisch besonders wichtige und stark verteidigte Ziele, wie Munitionsdepots, Kommandozentralen, Brücken oder Raketenbasen. Mit der Flugerprobung der *F-117A* wurde im Juni 1981 in einem Sperrgebiet in der Wüste von Nevada begonnen und im Oktober 1983 kam das Muster in den aktiven Dienst. Im Oktober 1988 gab das Pentagon erstmals offiziell die Existenz der *F-117A* bekannt und im April 1990 wurde das Muster zum ersten Mal der Öffentlichkeit gezeigt. Bis 1990 bekam die US Air Force 59 *F-117A*, von denen bereits etwa 5 durch Unfälle verloren gingen. Die Waffen der *F-117A* werden ausschließlich in zwei Bombenschächten befördert, es sind entweder zwei lasergesteuerte Bomben GBU-27 Paveway II/III mit je 907 kg oder zwei nukleare Bomben M61 oder M83 mit je 2 mt Sprengkraft.

Kategorie:	Bomber mit Stealth-Eigenschaften, Crew 1.
Bewaffnung:	Max. 2270 kg Bomben in zwei Waffenschächten, entweder lasergesteuerte Typen oder nukleare Fallbomben.
Antrieb:	Zwei Mantelstromtriebwerke General Electric F404-GE-F1D2 mit je 48,03 kN Standschub, keine Nachbrenner.
Hersteller:	Lockheed Advanced Develop. Comp, Werk Palmdale, USA.
Erstflug:	18.06.1981 / **Preis** ~ 43 Mio. US-$ / **Prod. Maschinen** 59
Photo:	(Lockheed): F-117A der US Air Force.

Daten der F-117A (z. T. geschätzt)

Spannweite 13,20 m, Länge 20,09 m, Höhe 3,78 m, Flügelfläche 105,9 m^2. Leermasse 13 500 kg, Startmasse 19 051 kg, mit Überlast 23 814 kg, Treibstoff intern ~ 9000 l. Höchstgeschwindigkeit 1040 km/h (Mach 0,90), Landegeschwindigkeit 220 km/h, Dienstgipfelhöhe 16 000 m, max. Steigleistung 180 m/s, Startrollstrecke 1000 m, Überführungsreichweite 3500 km, Einsatzradius mit 1800 kg Waffen 1000 km, Treibstoffverbrauch 2000 l/h.

LOCKHEED MARTIN /BOEING F- 22A RAPTOR   USA

Wahrscheinlich im Jahr 2004 wird der neue Super Fighter *F-22A Raptor* die Luftverteidigung der USA übernehmen und schrittweise bis zum Jahr 2012 das gegenwärtige Muster *F-15 Eagle* ablösen. Unter der Projektbezeichnung *ATF – Advanced Tactical Fighter*, wurden ab 1982 zwei konkurrierende Entwicklungsteams unter der Projektführung von Lockheed bzw. McDonnell Douglas mit dem Bau von zwei Demonstrationsprototypen beauftragt. Das Team von Lockheed ging im Frühjahr 1991 mit dem Entwurf *YF-22* als Sieger hervor. Das erste Vorserienmuster *F-22A* begann im Juli 1997 mit den Flugtests, gefolgt von einer zweiten Maschine im Sommer 1998. Die US Air Force plante ursprünglich die Beschaffung von 648 *F-22A*, doch die enormen Kosten für dieses Programm ließen die Zahl bis zum Jahr 2000 auf nur noch 348 Maschinen schrumpfen. Das Muster soll im Jahr 2004 den Dienst aufnehmen und bis 2012 sollen alle 348 Maschinen ausgeliefert sein, vorausgesetzt, daß der US-Kongress die Mittel in Höhe von rund 65 Milliarden US-$ bewilligt. Die *F-22A* ist das fortschrittlichste Jagdflugzeug der Gegenwart, sie besitzt teilweise Stealth-Eigenschaften und ferner die neuesten Technologien bei der Flug- und Kampfelektronik. Die Leistung der beiden Triebwerke reicht aus, um auch ohne Nachbrenner die *F-22A* mit Mach 1,5 (Supercruise) fliegen zu lassen. Eine Anlage zur Luftbetankung ermöglicht dem Muster eine nahezu unlimitierte Reichweite. die lediglich von der Fitneß des Piloten abhängt. Für den Antrieb der *F-22A* entwickelte die Firma Pratt & Whitney das fortschrittliche Mantelstromtriebwerk F119-PW-100 mit max. 155 kN Standschub. Die Zelle der Raptor besteht zu etwa 15% aus Aluminium, 25% Verbundwerkstoffen und 40% Titanlegierungen. Während Lockheed Martin das Management im F-22A-Team hat, ist Boeing mit einem Anteil von 32,5% für den Flügel, den Hinterrumpf, die Avionik, das Radar und die Entwicklung der Trainingssysteme zuständig. Zusammen sind an dem F-22A-Projekt rund 1150 Unterauftragnehmer beteiligt.

Kategorie: Abfangjäger, Crew 1.
Bewaffnung: Eine Bordkanone Kal. 20 mm (480 Schuß Vorrat) und 6 bis 14 Luft-Luft-Lenkwaffen, davon 4 extern.
Antrieb: Zwei Mantelstromtriebwerke Pratt & Whitney F119-PW-100 mit je 100 kN ohne und je 157,7 kN mit Nachbrenner.
Hersteller: Lockheed Martin/Boeing (F-22-Team), Werk Marietta, USA.
Erstflug: 07.09.1997 / **Preis** ~ 75 Mio. US-$ / **Prod. Maschinen** 5
Photo: (Lockheed): F-22A Raptor der US Air Force.

Daten der F-22A (z. T. geschätzt)
Spannweite 13,56 m, Länge 18,93 m, Höhe 5,02 m, Flügelfläche 77,92 m². Leermasse 14 366 kg, Startmasse 25 000 kg, mit Überlast 27 216 kg, Treibstoff intern 14 150 l, extern 9080 l.
Höchstgeschwindigkeit 2200 km/h (Mach 2,0), Landegeschwindigkeit 270 km/h, Dienstgipfelhöhe 20 000 m, max. Steigleistung 300 m/s, Startrollstrecke 400 m, Überführungsreichweite 4500 km, Einsatzradius mit 2200 kg Waffen 1900 km, Treibstoffverbrauch 3700 l/h.

LOCKHEED/NORTHROP X-35A/B/C   USA

Während Boeing für den Wettbewerb zum JSF-Programm allein die beiden Demonstrationsprototypen *X-32* entwickelt, wird das Konkurrenzmuster *X-35* von einem Entwicklungsteam entworfen, bei dem Lockheed Martin die Führungsrolle besetzt und die beiden weiteren Projektpartner sind Northrop Grumman und seit 1997 British Aerospace aus Großbritannien. Lockheed Martin ist für den Flügel, den Vorderrumpf und die Endmontage verantwortlich, Northrop Grumman für den Mittelrumpf und BAe für das Rumpfheck. Daneben gibt es rund 20 beteiligte Firmen für die Innenausrüstung, das Fahrwerk und den Antrieb. Beide Muster, die *X-32* und die *X-35* erhalten als Antrieb das Triebwerk Pratt & Whitney F119-611, das mit Nachbrenner rund 175 kN Standschub liefert.

Die *X-35* hat ein recht futuristisches Design, mit kleinen Canard-Flächen im vorderen Rumpfbereich, einem doppelten Seitenleitwerk und Stealth-Charakteristiken. Für die US Air Force ist die Basisversion *X-35A* ausgelegt, die als Ersatz der F-16 ab etwa 2008 gedacht ist. Für die US Navy und das Marine Corps ist die Version *X-35B* gedacht, sie unterscheidet sich vor der A-Version durch eine schwenkbare Triebwerksdüse in der Mitte des Rumpfes für kurze Starts und senkrechte Landungen. Für den Einsatz auf Flugzeugträgern wird die Version *X-35C* optimiert, sie erhält einen größeren Flügel mit rund 50 m² Fläche, größere Steuerflächen, eine verstärkte Zelle sowie Fahrwerk und einen umfangreichen Korrosionsschutz gegen das salzhaltige Meerwasser.

Mit der Flugerprobung der *X-35* soll im Laufe des Jahres 2000 begonnen werden, und 2001 will man den Gewinner des JSF-Wettbewerbs bekannt geben. Der Gesamtbedarf für das neue Kampfflugzeug wird mit rund 3000 Maschinen angegeben, davon sind etwa 1800 Maschinen für die US Air Force vorgesehen, weitere 650 für das Marine Corps, 500 für die Navy und 50 für die Royal Air Force. Der US-Kongress stellte beiden Teams 720 Millionen US-$ für die Entwicklung der jeweiligen Prototypen zur Verfügung.

Kategorie: Mehrzweckkampfflugzeug, Crew 1.
Bewaffnung: Noch nicht endgültig definiert, aber wahrscheinlich ist eine Bordkanone vom Kaliber 20 mm und ~ 7500 kg Waffen.
Antrieb: Ein Mantelstromtriebwerk Pratt & Whitney F119-611 mit etwa 110 kN ohne und 175 kN Standschub mit Nachbrenner.
Hersteller: JSF-Team, Lockheed/Northrop/BAe, Werk Palmdale, USA.
Erstflug: ~ 2000 / **Preis** ~ 40 Mio. US-$ / **Prod. Maschinen.** 2
Photo: (Lockheed): Modellaufnahme der X-35B.

Daten der X-35A (z. T. geschätzt)
Spannweite 11,00 m, Länge 15,50 m, Höhe 4,50 m, Flügelfläche 43,00 m².
Leermasse/ Startmasse/Treibstoff noch keine Angaben.
Höchstgeschwindigkeit 2200 km/h (Mach 2,0), Dienstgipfelhöhe 17 000 m,
max. Steigleistung 280 m/s, Überführungsreichweite 3000 km,
Einsatzradius mit 3000 kg Waffen 600 km, Treibstoffverbrauch 1700 l/h.

McDONNELL DOUGLAS F-4 PHANTOM II   USA

Mit über 5000 gebauten Exemplaren, ist das Mehrzweckkampfflugzeug *F- 4 Phantom II* das erfolgreichste Muster in der Kategorie über 20 t Flugmasse. Entwickelt wurde das Muster ursprünglich als bordgestützter Langstrecken-abfangjäger für die US Navy von der ehemaligen Flugzeugfirma McDonnell in St. Louis, Missouri. Das Muster hat eine recht auffällige Form, mit geknicktem Flügel, einem Höhenleitwerk mit negativer V-Form und einem nach unten geneigten Rumpfbug. Die Basisversion *F-4A* kam im Juni 1961 bei der US Navy in den aktiven Dienst, ihr folgten die aufgewerteten Versionen *F-4B, F-4J, F-4N* und *F-4S*, die neben der Navy auch bei den US Marines zum Einsatz kamen, insgesamt 1250 Maschinen, die bis 1991 im Dienst standen. Die US Air Force erkannte Anfang der 60er Jahre die damals konkurrenzlose Leistungsfähigkeit der *Phantom II* und beschaffte ab 1962 von den Landversionen *F-4C, F-4D, F-4E* und *RF-4C* insgesamt rund 3000 Maschinen. Die Version *F-4E* erhielt erstmals eine Bordkanone, das Fabrikat M61A1 Vulkan, vom Kaliber 20 mm mit einem sechsläufigen Revolversystem und 640 Schuß Vorrat. Die Aufklärungsversion *RF-4C* ist aus der *F-4C* abgeleitet und sie hat einen um 0,85 m verlängerten Rumpfbug in dem zum Teil die umfangreiche Kameraausrüstung untergebracht ist. Ähnlich wie bei den Marinestreitkräften, war die *Phantom II* auch bei der USAF für rund 25 Jahre das wichtigste Mehrzweckkampfflugzeug. Es kam als Abfangjäger, als Aufklärer oder Bomber zum Einsatz, für letztere Mission konnte es bis zu 7258 kg Waffen aufnehmen. Im Oktober 1979 endete die Produktion der *Phantom II* und das Muster wurde in mehrere Länder exportiert, darunter auch an die deutsche Luftwaffe, die ab 1971 total 263 Maschinen erhielt, davon 175 *F-4F* und 88 *RF-4E*. Die Verbliebenen 149 *F-4F* werden voraussichtlich bis zum Jahr 2010 im Dienst bleiben. In Europa wird die *Phantom II* ferner von der Luftwaffe Griechenlands sowie der Türkei eingesetzt.

Kategorie:	Abfangjäger und Mehrzweckkampfflugzeug, Crew 2.
Bewaffnung:	Eine Bordkanone Kal. 20 mm (640 Schuß Vorrat) und 4 bis 8 Luft-Luft-Lenkwaffen oder 7258 kg Bomben.
Antrieb:	Zwei Mantelstromtriebwerke General Electric J79-GE-17A mit je 52,5 kN ohne und je 79,6 kN mit Nachbrenner.
Hersteller:	McDonnell Douglas Company, Werk St. Louis, USA.
Erstflug:	27.05.1958 / **Preis** ~ 20 Mio. US-$ / **Prod. Maschinen** 5195
Photo:	(BMVg/Grenzmeier): F-4F der deutschen Luftwaffe.

Daten der F-4F

Spannweite 11,77 m, Länge 19,18 m, Höhe 5,01 m, Flügelfläche 49,25 m². Leermasse 13 755 kg, Startmasse 21 950 kg, mit Überlast 28 030 kg, Treibstoff intern 6970 l, extern 5073 l.
Höchstgeschwindigkeit 2400 km/h (Mach 2,25), Landegeschwindigkeit 240 km/h, Dienstgipfelhöhe 19 000 m, max. Steigleistung 310 m/s, Startrollstrecke 500 m, Überführungsreichweite 3300 km, Einsatzradius mit 2200 kg Waffen 1200 km, Treibstoffverbrauch 2600 l/h.

McDONNELL DOUGLAS KC-10A EXTENDER   USA

Für die Ergänzung der Tankerflugzeug-Flotte Boeing *KC-135*, wählte die USAF im Dezember 1977 das erheblich größere Muster *KC-10A Extender* aus und es wurden 60 Maschinen bestellt. Im März 1981 kam die erste *Extender* in den Einsatz und bis zum Frühjahr 1988 waren alle 60 Maschinen ausgeliefert. Die *KC-10A* basiert weitgehend auf dem Jetliner McDonnell Douglas *DC-10/30CF*, also der wahlweise auf den Passagier- oder Frachteinsatz umrüstbaren Variante CF. Für die *KC-10A* wurde der Frachtraum im Kabinenbereich weitgehend beibehalten, er bietet ein Ladevolumen von ca. 340 m³ und 76 843 kg Nutzmasse verteilt auf 25 Paletten. Die Unterflurladeräume rüstete man als Treibstofftanks aus mit einer Gesamtkapazität von rund 135 000 l. Mit den übrigen Tanks hat die *KC-10A* rund 202 000 l Treibstoffkapazität, die sie selber ganz nutzen kann, z. B. bei Überführungsflügen, oder sie kann bis auf den Eigenbedarf, die gesamte Restmenge abgeben. Durch eine Anlage für die Luftbetankung, kann das Muster von anderen Tankerflugzeugen in der Luft aufgetankt werden. Für die Treibstoffabgabe an andere Flugzeuge besitzt die *KC-10A* drei Tankausleger, einen unter dem Rumpfheck und zwei am Flügel. Bedient werden diese Ausleger von einem kleinen Kontrollraum im hinteren Unterrumpfbereich durch Eine oder zwei Personen. Die Durchflußrate über die größere Tanksonde unter dem Rumpf beträgt max. 5500 l je Minute, abhängig von der Flugzeuggröße. Bei einem Einsatz bis 3500 km von der Basis kann die *KC-10A* 115 000 l Treibstoff abgeben und die gleiche Distanz zurückfliegen. Daneben kann das Muster als reiner Transporter genutzt werden, oder mit verschiedenen Fracht- oder Treibstoffzuladungen. Bei einer Verlegung von Kampfflugzeugen über größere Distanzen, kann die *KC-10A* das Bodenpersonal, die Ersatzpiloten und die Ausrüstung transportieren und gleichzeitig das Auftanken übernehmen. Eine strategisch wichtige Rolle spielt die *KC-10A* auch als Tankflugzeug für die großen Langstreckenbomber *B-2* und *B-52* bei globalen Einsätzen von US-Stützpunkten.

Kategorie:	Tanker- und Transportflugzeug, Crew 5-7.
Bewaffnung:	Keine
Nutzmasse:	76 843 kg Fracht oder rund 170 000 l Kerosin.
Antrieb:	Drei Mantelstromtriebwerke General Electric CF6-50C2 mit je 233 kN Standschub.
Hersteller:	McDonnell Douglas Company, Werk Long Beach, USA.
Erstflug:	12.07.1980 / **Preis** 65 Mio. US-$ / **Prod. Maschinen** 60
Photo:	(MDD): KC-10A Extender bei der Betankung einer B-52H.

Daten der KC-10A

Spannweite 50,42 m, Länge 55,38 m, Höhe 17,70 m, Flügelfläche 364,2 m². Leermasse 109 320 kg, Startmasse 267 624 kg, Treibstoff 202 000 l. Höchstgeschwindigkeit 980 km/h, Landegeschwindigkeit 265 km/h, Dienstgipfelhöhe 10 185 m, max. Steigleistung 14,7 m/s, Startrollstrecke 2600 m, Überführungsreichweite 18 000 km, Reichweite mit 76 800 kg Nutzmasse 7000 km, Treibstoffverbrauch 10 500 l/h.

Der leichte und wendige Abfangjäger *Mig-21* ist mit rund 12 000 gebauten Maschinen das am meisten gebaute Kampfflugzeug nach dem Zweiten Weltkrieg und Gegenwärtig sind noch rund 3500 dieser Bestseller weltweit im Einsatz. Die *Mig-21* entstand Mitte der 50er Jahre als erstes einsatzfähiges Mach-2-Kampfflugzeug in der ehemaligen Sowjetunion und sie kam 1958 in den aktiven Dienst. Für die sowjetischen Streitkräfte bauten mindestens drei Werke bis 1975 rund 6000 *Mig-21* in etwa 25 verschiedenen Varianten, von denen heute noch rund 2500 im Dienst stehen. Daneben wurden mehrere Tausend Maschinen in rund 50 Länder exportiert, mehrheitlich in den ehemaligen kommunistischen Machtbereich. Ferner wurde die *Mig-21* in der ehemaligen Tschechoslowakei (200), in Indien (650) und in der VR China (2500) in Lizenz hergestellt. Während die 7500 kg schwere Basisversion der *Mig-21* nur unter Sichtflugbedingungen kampfgeeignet war, erhielten die weiteren Varianten schrittweise eine verbesserte Avionik zur Kampfwertsteigerung unter allen Wetterbedingungen und schubstärkere Triebwerke für mehr Flug- und Waffenmasse. Äußerlich erkennt man die neueren Varianten an dem großen Wulst über dem Rumpf, dem breiten Seitenleitwerk und der zweiteiligen Cockpithaube. Ähnlich wie das amerikanische Muster *F-4 Phantom II*, hatte die *Mig-21* anfangs keine Bordkanone, aber nach den Einsatzerfahrungen in Indochina sowie in Nahost, entwickelte man für das Muster einen Kanonenbehälter mit einer doppelläufigen Kanone vom Kaliber 23 mm mit 200 Schuß Vorrat zur Unterbringung unter dem Rumpf. Wegen der großen Anzahl von noch eingesetzten *Mig-21* mit einer relativ einfachen Ausrüstung, gibt es von diversen Firmen Modernisierungsprogramme, die von einer geringen Aufwertung bis hin zu aufwendigen Änderungen an der Zelle reichen. Dazu zählt das Projekt *Mig-21/93* von Mapo Mig mit russischer Ausrüstung oder *Mig-2000 Lancer* von IAI aus Israel mit einer westlichen Ausrüstung und neuer Cockpithaube.

Kategorie:	Abfangjäger, Crew 1.
Bewaffnung:	Eine Bordkanone Kal. 23 mm mit 200 Schuß und 4 Luft-Luft-Lenkwaffen oder div. Waffen bis 1500 kg an 4 Flügelstation.
Antrieb:	(Mig-21bis): Ein Strahltriebwerk Tumansky R-25 mit 42 kN ohne und 70 kN mit Nachbrenner.
Hersteller:	Konstruktionsbüro Mikojan/Gurewitsch, Russland.
Erstflug:	15.06.1955 / **Preis** ~ 2 Mio. US-$ / **Prod. Maschin.** ~ 12 000
Photo:	(H. Kreuzer): Mig-21MF der tschechischen Luftwaffe.

Daten der Mig-21bis

Spannweite 7,15 m, Länge 15,75 m, Höhe 4,15 m, Flügelfläche 23,00 m².
Leermasse 5800 kg, Startmasse 8700 kg, mit Überlast 10 000 kg, Treibstoff intern 3000 l, extern 1780 l.
Höchstgeschwindigkeit 2175 km/h, (Mach 2,0), Landegeschwindigkeit 250 km/h, Dienstgipfelhöhe 17 000 m, max. Steigleistung 275 m/s, Startrollstrecke 650 m, Überführungsreichweite 1900 km, Einsatzradius mit 1000 kg Waffen 560 km, Treibstoffverbrauch 1800 l/h.

Mit einer Startmasse von rund 20 000 kg, zählt der russische Abfangjäger *Mig-23* zu den schwersten Mustern in der Kategorie der einmotorigen Militärjets. Das Muster entstand Mitte der 60er Jahre im Konstruktionsbüro Mikojan als Ergänzung zu dem leichten Abfangjäger *Mig-21*, mit der doppelten Waffen- und Startmasse gegenüber der *Mig-21*. Für optimale Einsatzwerte in verschiedenen Höhen und bei verschiedenen Geschwindigkeiten wählte man auch bei der *Mig-23* die in den 60er Jahren modische, variable Flügelgeometrie. Das robuste Fahrwerk hat relativ große Räder und es ist mit Schutzblechen versehen, für Starts und Landungen auf Schotterpisten. Die Waffenzuladung von max. 3000 kg wird an fünf Stationen mitgeführt, zwei unter dem Flügel und drei unter dem Rumpf. Die *Mig-23* kam im Jahr 1971 in den aktiven Dienst bei den russischen Streitkräften und innerhalb von etwa 15 Jahren erhielten sie rund 2400 Maschinen. Rund 800 weitere Maschinen wurden weltweit exportiert, die wichtigsten Abnehmer waren Libyen sowie Syrien mit je etwa 200 Maschinen, der Irak mit 150 und die ex DDR mit etwa 120 Maschinen. Auf der Basis der *Mig-23* entstand das für den Erdkampf optimierte Muster *Mig-27*, das 1976 den Dienst aufnahm. Die wesentlichen Unterschiede zur *Mig-23* sind, ein gepanzertes Cockpit mit einer höheren Sitzposition des Piloten, ein abgeschrägter Rumpfbug zur besseren Sicht nach vorne und sieben externe Waffenstationen mit 4000 kg Zuladung, mehrheitlich Bomben oder Raketenwerfer. Für die russischen Streitkräfte wurden bis 1985 rund 850 *Mig-27* gebaut und für den Export rund 300. In Indien baute man 125 *Mig-23* sowie 165 *Mig-27* in Lizenz. Bei zahlreichen Streitkräften sind mittlerweile beide Typen ausgemustert worden. In der GUS stehen von dem leistungsfähigen, aber nicht mehr zeitgemäßen Mustern noch rund 500 bis 1000 Maschinen im Reservedienst, weil ihre Einsatzaufgaben von den fortschrittlicheren Typen *Mig-29* und *Su-27* durchdurchgeführt werden.

Kategorie:	Abfangjäger/Erdkampfflugzeug, Crew 1.
Bewaffnung:	Eine Bordkanone Kal. 23 mm und 5 Luft-Luft-Lenkwaffen oder andere Waffen bis 3000 kg, (4000 kg) Mig-27.
Antrieb:	Ein Strahltriebwerk Tumansky R-35 mit 80 kN ohne und 121 kN mit Nachbrenner.
Hersteller:	Konstruktionsbüro Mikojan/Gurewitsch, Russland.
Erstflug:	1968 / **Preis** ~ 10 Mio. US-$ / **Prod. Maschinen** ~ 4000
Photo:	(Piotr Butowski): Zweisitzige Mig-23UB der russ. Luftwaffe.

Daten der Mig-23

Spannweite 8,15/14,25 m, Länge 16,80 m, Höhe 4,25 m, Flügelfl. 28,00 m². Leermasse 8500 kg, Startmasse 18 000 kg, mit Überlast 20 000 kg, Treibstoff intern 5700 l, extern 1600 l.
Höchstgeschwindigkeit 2300 km/h (Mach 2,1), Landegeschwin. 250 km/h, Dienstgipfelhöhe 18 500 m, max. Steigleistung 305 m/s, Startrollstrecke 700 m, Überführungsreichweite 2000 km, Einsatzradius mit 2000 kg Waffen rund 900 km, Treibstoffverbrauch 2300 l/h.

Der Mach-3 schnelle Abfangjäger *Mig-25* entstand Mitte der 60er Jahre als Waffe gegen die hochfliegenden US-Spionageflugzeuge *U-2* sowie *SR-71* und gegen den damals in der Flugerprobung stehenden strategischen Bomber North American *XB-70*. Die Flugerprobung der *Mig-25* begann im März 1964 und ab etwa 1970 kam das Muster in den aktiven Dienst bei der ehemaligen Sowjetluftwaffe. Bis 1982 fertigte das Werk Nischny Nowgorod etwa 700 *Mig-25* in den drei Hauptversionen *A/R/MP* und zusätzlich die zweisitzige *Mig-25U* zur Umschulung. Rund 100 *Mig-25* wurden in folgende Länder exportiert: Algerien, Indien, Irak, Libyen und Syrien. Nach dem Ende des sogenannten Kalten Krieges zwischen Russland und den USA, ist wahrscheinlich die Mehrheit der rund 600 *Mig-25* ausgemustert worden, weil ihre Einsatzkosten enorm sind und weil ferner die leistungsfähigere *Mig-31* zur Verfügung steht.

Die *Mig-25* hat eine Startmasse von rund 36 000 kg, etwa 2500 km Reichweite, 3100 km/h Höchstgeschwindigkeit und der Antrieb besteht aus zwei Strahltriebwerken Tumansky *R-31* mit je 110 kN Standschub. 1975 begann die Flugerprobung der leistungsgesteigerten und detailverbesserten Version *Mig-31*, die ab 1984 in den Dienst gestellt wurde. Gegenüber der *Mig-25* hat die *Mig-31* einen verlängerten Rumpf für das zweite Cockpit des Waffenleitoffiziers, eine neue Flügelgeometrie an den Wurzeln, neugestaltete Triebwerklufteinläße und erheblich schubstärkere Triebwerke für die Flugmasse von rund 45 000 kg. Daneben wurde die gesamte Flug- und Kampfelektronik erheblich leistungsgesteigert und die Ausrüstung besteht aus einer neuen Waffengeneration mit Luft-Luft-Lenkwaffen von hoher Reichweite zwischen 125 bis 150 km. Die Luftwaffe Russlands hat gegenwärtig rund 300 *Mig-31* im Einsatz und ihre Hauptaufgabe ist die Luftverteidigung des riesigen Heimatterritoriums gegen sehr schnelle und hochfliegende feindliche Ziele. Sie ist der schnellste Fighter der Gegenwart.

Kategorie:	Langstrecken-Abfangjäger, Crew 2.
Bewaffnung:	Acht Luft-Luft-Lenkwaffen von großer Reichweite an vier Rumpf- und vier Flügelstationen.
Antrieb:	(Mig-31): Zwei Mantelstromtriebwerke Soloview D-30F mit je etwa 94 kN ohne und je 152 kN mit Nachbrenner.
Hersteller:	Konstruktionsbüro Mikojan, Werk Nischny Nowgorod, Russl.
Erstflug:	15.09.1975 / **Preis** k. A. / **Prod. Maschinen** ~ 300.
Photo:	(H. Kreuzer): Eine Mig-31 der Luftwaffe Russlands.

Daten der Mig-31

Spannweite 13,45 m, Länge 22,70 m, Höhe 6,25 m, Flügelfläche 61,50 m². Leermasse 22 000 kg, Startmasse 41 000 kg, mit Überlast ~ 45 000 kg, Treibstoff intern ~ 15 000 l, extern 3000 l.

Höchstgeschwindigkeit 3000 km/h (Mach 2,8), Landegeschwindigkeit etwa 270 km/h, Dienstgipfelhöhe 22 000 m, max. Steigleistung 300 m/s, Startrollstrecke etwa 1000 m, Überführungsreichweite 3500 km, Einsatzradius mit 4000 kg Waffen etwa 1200 km, Treibstoffverbrauch ~ 4000 l/h.

Mit rund 500 Maschinen ist die *Mig-29* der wichtigste Abfangjäger der neuen Generation in den Ländern der GUS und das Muster begann vor etwa 15 Jahren den aktiven Dienst. Das Konstruktionsbüro Mikojan/Gurewitsch begann Anfang der 70er Jahre mit den Studien für die *Mig-29*, um ein ebenbürtiges Muster zu den modernen westlichen Typen zu schaffen.

Die *Mig-29* liegt in der Gewichtskategorie von rund 15 000 kg, sie ist sehr wendig und knapp 2500 km/h schnell. Sie ist mit einer Fly-by-Wire-Steuerung ausgerüstet, aber in der Cockpit fehlen die gewohnten Bildschirmanzeigen. Zur Betankung in der Luft ist als Option eine einfahrbare Sonde möglich. Die Hauptbewaffnung der Basisversion besteht aus sechs Luft-Luft-Lenkwaffen an sechs Waffenstationen unter dem Flügel. Ferner hat das Muster eine sechsläufige Revolverkanone vom Kaliber 30 mm. Neben der Basisversion entstand für Schulungszwecke die zweisitzige Ausführung *Mig-29UB*. Ab Mitte der 80er Jahre wurden total etwa 500 *Mig-29* an folgende Länder exportiert: Bulgarien, DDR, Indien, Iran, Irak, Jugoslawien, Kuba, Malaysia, Nordkorea, Peru, Polen, Rumänien, Syrien, Tschechoslowakei und Syrien. Die Ukraine behielt nach der Auflösung der Sowjetunion rund 200 *Mig-29* und Weißrußland rund 70. Die Deutsche Luftwaffe integrierte 24 *Mig-29* aus dem Bestand der ehemaligen NVA, diese Maschinen bekamen eine weitgehend westliche Ausrüstung. Seit 1995 konnte Mapo keine neue *Mig-29* mehr verkaufen, deswegen entwickelte man 1998 unter der Typenbezeichnung *Mig-29SMT* einen Umrüstungssatz zur Leistungssteigerung des Musters. Zu den Verbesserungen zählen eine zusätzliche Tankkapazität von 1980 l unter der vergrößerten Rumpfoberhälfte, eine aufgewertete Elektronik mit Bildschirmanzeigen und eine höhere Waffenlast von 4000 kg mit zwei zusätzlichen Stationen. Wegen der ungünstigen finanziellen Situation in Russland kam es noch zu keinem Umrüstungsvertrag für die älteren *Mig-29*. Wahrscheinlicher ist die Einstellung der Mig-29-Produktion.

Kategorie:	Abfangjäger, Crew 1.
Bewaffnung:	Eine Bordkanone Kal. 30 mm und 6 Luft-Luft-Lenkwaffen oder max. 3000 kg andere Waffen an 6 Flügelstationen.
Antrieb:	Zwei Mantelstromtriebwerke Klimow RD-33 mit je 49,5 kN ohne und je 86,3 kN mit Nachbrenner.
Hersteller:	Mapo / Mikojan, Russland.
Erstflug:	07.10.1977 / **Preis** ~ 25 Mio. US-$ / **Prod. Maschin.** ~1200
Photo:	(IMZBw): Mig-29 der deutschen Luftwaffe.

Daten der Mig-29

Spannweite 11,56 m, Länge 17,32 m, Höhe 4,73 m, Flügelfläche 38,00 m². Leermasse 11 000 kg, Startmasse 16 800 kg, mit Überlast 18 480 kg, Treibstoff intern 4300 l, extern 1500 l.
Höchstgeschwindigkeit 2450 km/h (Mach 2,3), Landegeschwindigkeit 275 km/h, Dienstgipfelhöhe 17 000 m, max. Steigleistung 330 m/s, Startrollstrecke 300 m, Überführungsreichweite 2000 km, Einsatzradius mit 1500 kg Waffen 800 km, Treibstoffverbrauch 2300 l/h.

MIKOJAN MIG-AT   Russland

Der Fortgeschrittenentrainer *Mig-AT* steht gegenwärtig im Wettbewerb mit dem Konkurrenzmuster *Jak/Aem-130* für den zukünftigen Jettrainer bei den Streitkräften Russlands. Mit dem neuen Trainer will man die angehenden Piloten für die Abfangjäger *Mig-29* und *Su-27* ausbilden, eine Aufgabe, die von den gegenwärtig verwendeten Typ Aero *L-39* nicht mehr zufriedenstellend durchgeführt werden kann.

Wenn einmal genügend Flugzeuge zur Verfügung stehen sollten, etwa 1000, dann soll die *Mig-AT* die gesamte Bandbreite der Pilotenausbildung übernehmen, von der Grundausbildung bis zum Waffentraining.

Die *Mig-AT* hat eine Tiefdeckerauslegung mit einem trapezförmigen Flügel, mit zwei Mantelstromtriebwerken seitlich des Rumpfes und das Cockpit hat zwei abgestufte Pilotensitze in Tandemanordnung. Die Zelle ist für Belastungen von +8g/-3g ausgelegt, die Steuerung hat eine Fly-by-Wire-Anlage.

Für den Antrieb der *Mig-AT* wählte man das französische Mantelstromtriebwerk Snecma/Turbomeca *Larzac 04R20*, das auch den deutsch-französischen Trainer *Alpha Jet* antreibt.

Für die Avionikausrüstung der *Mig-AT* wählte man die Produkte des französischen Herstellers Sextant Avionique. Damit bietet die *Mig-AT* weitgehend westliches Niveau für die Ausbildung zukünftiger russischer Piloten und ein eventueller Exporteinstieg wird mit der westlichen Ausrüstung ebenfalls erleichtert.

Für die Flugerprobung stehen zwei Prototypen zur Verfügung, der Erste davon unternahm bereits im März 1996 seinen Erstflug. Bis zum Jahr 2000 war noch nicht entschieden, ob die *Jak/Aem-130* oder die *Mig-AT* der zukünftige Standardtrainer der russischen Luftstreitkräfte wird.

Kategorie: Fortgeschrittenentrainer, Crew 2.
Bewaffnung: Noch keine Angaben verfügbar, aber wahrscheinlich vier bis sechs externe Stationen für ~ 2000 kg Zuladung.
Antrieb: Zwei Mantelstromtriebwerke Snecma/Turbomeca Larzac 04R20 mit je 14,1 kN Standschub, keine Nachbrenner.
Hersteller: Mapo / Mikojan, Werk Moskau, Russland.
Erstflug: 21.03.1996 / **Preis** k. A. / **Prod. Maschinen** 2 Prototypen.
Photo: (H. Kreuzer): Prototyp Mig-AT.

Daten der Mig-AT
Spannweite 10,16 m, Länge 12,01 m, Höhe 4,62 m, Flügelfläche 17,67 m². Leermasse 3250 kg, Startmasse 4610 kg, mit Überlast 7000 kg, Treibstoff intern 1062 l, extern 1030 l.
Höchstgeschwindigkeit 1000 km/h (Mach 0,90), Landegeschwindigkeit 210 km/h, Dienstgipfelhöhe 14 500 m, max. Steigleistung 40 m/s, Startrollstrecke 450 m, Überführungsreichweite 1600 km, max. Einsatzdauer 5 Stunden, Treibstoffverbrauch 1100 l/h.

MIKOJAN MIG MFI   Russland

Das Fortschrittlichste und geheimnisvollste russische Flugzeugprojekt war in den letzten zehn Jahre der Abfangjäger *Mig MFI*. Anläßlich einer Pressekonferenz, am 12. Januar 1999, auf der Testbasis Schukowski in der Nähe Moskaus, wurde der Schleier der Geheimhaltung um dieses Projekt gelüftet. Die *Mig MFI* ist als russische Antwort auf den amerikanischen Super Fighter *F-22 Raptor* gedacht und mit der Projektphase wurde Mitte der 80er Jahre unter der geheimen Bezeichnung Mig 1.42 begonnen. Im Jahr 1990 entstand ein aerodynamischer Prototyp ohne aufwendige Innenausrüstung und die neue Typenbezeichnung lautete zu diesem Zeitpunkt *Mig 1.44*. Nach dem Zerfall der ehemaligen Sowjetunion, bekam das Projekt keine staatlichen Mittel mehr, was dazu führte, daß die *Mig 1.44* nicht in die Flugerprobung kam und für rund acht Jahre in einer Halle eingemottet wurde. Nach neueren Plänen sollte das geheimnisvolle Flugzeug im Sommer 1999 die Flugerprobung aufnehmen, doch bis zum Frühjahr 2000 gab es keinen Erstflug. Ob dieses teure Kampfflugzeug je in den Dienst bei den russischen Streitkräften kommt ist mehr als fraglich. Die Typeninitialen *MFI*, bedeuten übersetzt taktisches Mehrzweckkampfflugzeug. Der Haupteinsatzzweck dieses teuren Muster dürfte allerdings der Luftkampf gegen gleichwertige Gegner sein. Das Design der *Mig MFI* hat eine Canard-Konfiguration, mit einem Deltaflügel und doppeltem Seitenleitwerk. Die beiden Triebwerke sind mit Schubvektordüsen ausgerüstet und die Leistung ermöglicht Supercruise-Eigenschaften, das heißt, Überschallflug ohne das Zuschal-ten der Nachbrenner. Mit Hilfe eines integrierten Steuersystems, das die Fly-by-Wire-Anlage, die Vorflügel und die Schubvektordüsen kontrolliert, sollen hervorragende Leistungen bei der Wendigkeit in allen Geschwindigkeitsbereichen erzielt werden. Russiche Flugzeugkonstrukteure legen wenig Wert auf Stealth-Eigenschaften, und auch die *Mig MFI* besitzt diese Technologie nicht, aber dafür eine hohe Geschwindigkeit und Reichweite.

Kategorie: Abfangjäger für lange Strecken, Crew 1.
Bewaffnung: (Geplant): Sechs bis acht Luft-Luft-Lenkwaffen mit hoher Reichweite von rund 300 km.
Antrieb: Zwei Mantelstromtriebwerke Lyuka-Saturn AL-41F mit je 100 kN ohne und je 175 kN mit Nachbrenner.
Hersteller: Mapo / Mikojan, Werk Moskau, Russland.
Erstflug: ~ 2000/2001 / **Preis** ~ 75 Mio. US-$ / **Prod. Maschinen** 1
Photo: (Piotr Butowski): Mig MFI in Schukowski.

Daten der Mig MFI (z. T. geschätzt)
Spannweite 16,30 m, Länge 21,70 m, Höhe 6,00 m, Flügelfläche 80,00 m².
Leermasse 15 000 kg, Startmasse 25 000 kg, mit Überlast 30 000 kg,
Treibstoff intern 15 000 l.
Höchstgeschwindigkeit 2600 km/h (Mach 2,4), Supercruise ~ Mach 1,5,
Dienstgipfelhöhe 22 000 m, max. Steigleistung 300 m/s,
Startrollstrecke 600 m, Überführungsreichweite 4500 km, Einsatzradius
mit 6 Luft-Luft-Lenkwaffen 1900 km, Treibstoffverbrauch 4000 l/h.

MIL MI-8/MI-17   Russland

Der mittelschwere Mehrzweckhubschrauber *Mil Mi-8* kam vor rund 35 Jahren in der ehemaligen Sowjetunion in den Einsatz und er wurde mit rund 10 000 gebauten Exemplaren der bedeutendste Hubschrauber in dieser Region. Das Muster bewährte sich unter allen klimatischen Bedingungen, und durch seine vielseitige Verwendbarkeit beim Militär sowie im zivilen Einsatz. Das Konstruktionsbüro Mil begann im Jahr 1948 unter der Leitung des Chefkonstrukteurs M. L. Mil mit dem Bau von Hubschraubern, die Erste erfolgreiche Konstruktion war der *Mi-4* für 12 Passagiere und 7500 kg Startmasse. Im Jahr 1962 folgte das Muster *Mi-8* mit der doppelten Transportkapazität des *Mi-4* und erstmals mit Wellenturbinen als Antrieb. Der *Mi-8* hat eine Startmasse von 11 000 kg, die Nutzmasse beträgt 3000 kg Fracht oder 28 Insassen, sein Antrieb besteht aus zwei Turbinen Isotow TV2 mit 1120 kW Startleistung. Ab 1981 wurde der *Mi-8* in der Serienproduktion durch die detailverbesserte und verstärkte Ausführung *Mi-17* abgelöst. Die wesentlichen Verbesserungen betreffen die stärkeren Triebwerke TV3 mit je 1642 kW Startleistung, eine höhere Startmasse von 13 000 kg und der Einzige, äußere Unterschied zum *Mi-8* ist die Verlegung des Heckrotors von der Rechten auf die linke Seite des Rumpfhecks. Die Kabine des *Mi-8* bzw. *Mi-17* ist 2,34 m breit, 1,8 m hoch und 5,34 m breit, sie ist über eine doppelte Ladeklappe am Rumpfheck be- und entladbar, der Personeneingang befindet sich vorne links. Die Kabine bietet Platz für 28 Insassen oder 12 liegende Verwundete oder bis zu 4000 kg Fracht. Für Rettungseinsätze kann über der Eingangstür eine Winde mit 300 kg Kapazität eingebaut werden. Am Lasthaken unter dem Rumpf kann der *Mi-8* bis zu 4000 kg aufnehmen und der *Mi-17* bis zu 5000 kg. Die Muster *Mi-8* und *Mi-17* wurden in rund 50 Länder exportiert, sowohl an militärische als auch an zivile Kunden. Die Produktion des *Mi-17* geht in geringen Stückzahlen weiter, sein Nachfolgemuster soll in rund fünf Jahren der *Mi-38* werden.

Kategorie: Mittelschwerer Mehrzweckhubschrauber, Crew 2 bis 3.
Bewaffnung: Als Option zwei MG's oder Lenkwaffen seitlich des Rumpfes.
Nutzmasse: 28 Insassen oder bis 5000 kg Fracht am Lasthaken
Antrieb: (Mi-17): Zwei Turbinen Klimow TV3-117MT mit je 1642 kW Startleistung.
Hersteller: Konstruktionsbüro Mil, Werk Kazan, Russland.
Erstflug: 15.09.1962 / **Preis** ~ 10 Mio. US-$ / **Prod. Masch.** ~ 10 000
Photo: (H. Kreuzer): Mi-17 der russichen Streitkräfte.

Daten des Mi-17
Durchmesser des Hauptrotors 21,29 m, des Heckrotors 3,91 m, Rumpflänge 18,42 m, Höhe 5,53 m. Leermasse 6600 kg, Startmasse 11 000 kg, mit Überlast 13 000 kg, Treibstoff intern 4305 l.
Höchstgeschwindigkeit 250 km/h, Dienstgipfelhöhe 5500 m, Schwebehöhe mit Bodeneffekt 3600 m, ohne Bodeneffekt 1760 m, max. Steigleistung 6 m/s, Überführungsreichweite 960 km, Reichweite mit 28 Passagieren 650 km, Treibstoffverbrauch 800 l/h.

Der schwer bewaffnete Kampfhubschrauber *Mil Mi-24* ist das wichtigste Muster seiner Art bei den russischen Landstreitkräften und er wurde auch in einige Länder exportiert. Ähnlich wie sein amerikanisches Gegenmuster, der *AH-64 Apache*, ist der *Mi-24* primär für die Bekämpfung von gepanzerten Fahrzeugen ausgerüstet und ferner für den Begleitschutz von Bodentruppen. Die Flugerprobung mit dem *Mi-24* begann im Jahr 1970 und ab 1972 kam die Basisversion in den aktiven Dienst bei den ehemaligen sowjetischen Landstreitkräften. Ab Mitte der 70er Jahre beschafften auch einige Partnerländer des Warschauer Paktes den *Mi-24*, darunter Bulgarien, die CSSR, die DDR, Polen und Ungarn. Ferner wurde das Muster an Algerien, Indien, den Irak, Kuba, Libyen und den Jemen exportiert. Durch die lange Produktionsdauer und ferner durch Kampferfahrungen, u. A. im Afghanistankonflikt, entstanden von dem *Mi-24* laufend verbesserte Varianten, ausgerüstet mit einer effektiveren Panzerung und verstärkter Bewaffnung, u. A. durch eine richbare Bugkanone vom Kaliber 23 oder 30 mm, an Stelle der ursprünglichen MG's.

Auf der Basis des *Mi-24* entstand das neue Muster *Mi-35*, ausgestattet mit einer ganz neuen Technologie bei der Ausrüstung, der Kampfelektronik und der Bewaffnung. Äußerlich kann man den *Mi-35* von dem älteren *Mi-24* an der neugestalteten Bugkanzel für den Schützen sowie den Heckrotor mit vier Blättern unterscheiden. Über eine Serienproduktion des *Mi-35* ist bis zum Jahr 2000 nicht entschieden worden. Eine weitere Entwicklung aus dem *Mi-24* ist der *Mi-28*, er besitzt einen schlanken Rumpf, ohne die Transportkabine bei den Mustern *Mi-24/Mi35*, die Bordkanone ist unter dem Rumpfbug angeordnet und sie hat einen Wirkungsbereich von 100°. Der *Mi-28* ist allwettertauglich und auch bei Nacht einsetzbar, er gilt als Konkurrenzmuster zum Kamow *Ka-50/52* im Wettbewerb um den zukünftigen Kampfhubschrauber bei den russischen Landstreitkräften.

Kategorie: Kampfhubschrauber, Crew 2.
Bewaffnung: (Mi-28): Eine Bordkanone Kal. 30 mm (250 Schuß) und an 4 externen Stationen 2350 kg Bomben oder Lenkwaffen.
Antrieb: (Mi-28): Zwei Turbinen Klimow TV3-117BMA mit je 1660 kW Startleistung.
Hersteller: Mil/Rostvertol, Werk Rostow, Russland.
Erstflug: ~ 1970 / **Preis** ~ 15 Mio. US-$ / **Prod. Masch.** ~ 2500
Photo: (Rostvertol): Mi-28

Daten des Mi-28

Durchmesser des Hauptrotors 17,20 m, des Heckrotors 3,84 m, Rumpflänge 17,00 m, Höhe 3,83 m. Leermasse 7500 kg, Startmasse 10 400 kg, mit Überlast 11 500 kg, Treibstoff intern 3600 l.
Höchstgeschwindigkeit 330 km/h, Dienstgipfelhöhe 5800 m, Schwebehöhe mit Bodeneffekt 4000 m, ohne Bodeneffekt 3500 m, max. Steigleistung 8 m/s, Überführungsreichweite 1100 km, Einsatzradius mit 1000 kg Waffen 450 km, Treibstoffverbrauch 800 l/h.

Das Konstruktionsbüro Mil war in der ehemaligen Sowjetunion der dominierende Produzent von Hubschraubern für den militärischen und zivilen Einsatz. Als Nachfolgemuster für den Großhubschrauber *Mi-6* entstand im Jahr 1977 das Muster *Mi-26*, das mit seiner Transportkapazität sowie seinem Transportvolumen nicht annähernd einen Konkurrenten hat. Der *Mi-26* kann eine höhere Nutzmasse befördern, als der Militärtransporter *C-130* von Lockheed und sein Einsatzpotential ist einmalig. Neben der militärischen Verwendung bei den Streitkräften Russlands, Indiens, Nordkoreas und Perus, kam der *Mi-26* auch als Kran- und Transporthubschrauber bei der Industrialisierung Sibiriens in den Farben der staatlichen Aeroflot sehr intensiv zum Einsatz. Der *Mi-26* wurde im Jahr 1981 in den Dienst gestellt und die Zahl der produzierten Maschinen beträgt rund 100. Sein Antrieb besteht aus zwei Wellenturbinen mit über je 8000 kW Startleistung, deren Leistung über ein mächtiges Getriebe sowie einen Rotorkopf auf den Achtblatt-Rotor mit 32,0 m Durchmesser sowie 132 Umdrehungen je Minute übertragen werden. Bei Ausfall eines Motors, sorgt eine Kupplung im Übertragungsgetriebe für den alternativen Antrieb mit dem verbliebenen Motor. Die Kabine des *Mi-26* ist 3,25 m breit, 3,0 m hoch und 12 m lang, sie kann entweder 85 bewaffnete Soldaten oder max. 20 000 kg Fracht aufnehmen, dazu zählen auch Fahrzeuge, die über eine kombinierte Lade- und Rampenklappe am Rumpfheck beladbar sind. Besonders sperrige Güter werden extern an einem Lasthaken unter dem Rumpf befördert, Tragfähigkeit 20 000 kg. Gegenwärtig dürften bei den russischen Streitkräften etwa 50 *Mi-26* im Einsatz stehen. Die Produktion des Musters geht in geringen Stückzahlen weiter, die neueste Variante ist der *Mi-26T* mit diversen Detailverbesserungen. Im Jahr 1982 stellte ein *Mi-26* mehrere Weltrekorde für Hubschrauber auf, darunter eine Flughöhe von 5700 m mit 15 000 kg Nutzmasse und 4100 m mit 25 000 kg Nutzmasse.

Kategorie:	Schwerer Transporthubschrauber, Crew 5.
Bewaffnung:	Keine.
Nutzmasse:	85 Insassen oder 20 000 kg Fracht.
Antrieb:	Zwei Turbinen Progress D-136 mit je 8358 kW Startleistung.
Hersteller:	Konstruktionsbüro Mil/Rostvertol, Russland.
Erstflug:	14.12.1977 / **Preis** ~ 10 Mio. US-$ / **Prod. Maschinen** ~ 100
Photo:	(Rostvertol): Mi-26 der russichen Streitkräfte.

Daten des Mi-26

Durchmesser des Hauptrotors 32,00 m, des Heckrotors 7,60 m, Rumpflänge 33,73 m, Höhe 8,15 m. Leermasse 28 200 kg, Startmasse 49 500 kg, mit Überlast 56 000 kg, Treibstoff intern 11 000 l. Höchstgeschwindigkeit 295 km/h, Dienstgipfelhöhe 4600 m, Schwebehöhe mit Bodeneffekt 3600 m, ohne Bodeneffekt 1800 m, max. Steigleistung 8 m/s, Überführungsreichweite 800 km, Reichweite mit 10 000 kg Fracht 650 km, Treibstoffverbrauch 3600 l/h.

MITSUBISHI F-2   Japan

Mitte der 80er Jahre begannen unter der Führung des japanischen Konzerns Mitsubishi Heavy Industries sowie der Japan Defence Agency-JDA, unter der Bezeichnung *FS-X* Projektstudien für ein modernes Mehrzweckkampfflugzeug zum Einsatz ab dem Jahr 2000. Im Oktober 1987 wählte man als Basis für das neue Muster den US-Fighter *F-16* und später die Typenbezeichnung *F-2*. Nach zähen Verhandlungen über den Transfer von US-Technologie für das F-2-Projekt, einigte man sich 1989 u. A. auf einen Produktionsanteil der US-Luftfahrtindustrie von 40% an der F-2. Äußerlich kann man die neue *F-2* von der *F-16* nur schwer unterscheiden, aber sie hat im Detail doch wesentliche externe und interne Unterschiede. So ist der Flügel der *F-2* rund 25% größer und nach einer fortschrittlicheren Methode hergestellt, die Masse sowie Arbeit einspart. Ferner ist der Rumpfbug um etwa 0,5 m verlängert worden und das Höhenleitwerk hat ebenfalls eine größere Fläche erhalten. Das Cockpit der *F-2* bekam mehrere Detailveränderungen, so ist z. B. die Haube geteilt und gegen den Vogelschlag verstärkt worden. Das Radar und die Flug- sowie Kampfelektronik stammen von der japanischen Industrie und sie sind für die Bekämpfung von Land- sowie Seezielen optimiert. Neben der Bordkanone kann die *F-2* an acht externen Flügelstationen insgesamt 9000 kg Waffen mitführen, darunter auch Lenkwaffen gegen Seeziele. Für die Flugerprobung fertigte man vier Prototypen, davon zwei Trainervarianten *F-2B*. Im Frühjahr 2000 kam das Muster in den aktiven Dienst bei den japanischen Luftstreitkräften (JASDF) und geplant ist die Beschaffung von 130 Maschinen, davon 50 Trainervarianten *F-2B*. Neben Mitsubishi sind an dem F-2-Projekt weitere japanische Firmen beteiligt, darunter Fuji, zuständig für das Leitwerk und den Triebwerklufteinlaß und Kawasaki ist für den Mittelrumpf zuständig. Als Antrieb der *F-2* dient eine modifizierte Variante des General Electric F110, das von der japanischen Firma IHI in Lizenz produziert wird.

Kategorie: Abfangjäger und Mehrzweckkampfflugzeug, Crew 1.
Bewaffnung: Eine Bordkan. Kal. 20 mm (Vulkan M61A1), und 8 Luft-Luft-Lenkwaffen oder andere Waffen bis 9000 kg an 8 Stationen.
Antrieb: Ein Mantelstromtriebwerk General Electric F110-GE-129 mit 75,5 kN ohne und 132 kN mit Nachbrenner.
Hersteller: Mitsubishi Heavy Industries, Werk Nagoya, Japan.
Erstflug: 07.10.1995 / **Preis** ~ 75 Mio. US-$ / **Prod. Maschinen** 25
Photo: (Mitsubishi): Prototyp F-2

Daten der F-2
Spannweite 11,12 m, Länge 15,52 m, Höhe 4,96 m, Flügelfläche 34,85 m².
Leermasse 9650 kg, Startmasse 18 500 kg, mit Überlast 22 000 kg, Treibstoff intern 4505 l, extern 4500 l.
Höchstgeschwindigkeit 2200 km/h (Mach 2,0), Landegeschwindigkeit 250 km/h, Dienstgipfelhöhe 17 900 m, max. Steigleistung 255 m/s, Startrollstrecke 500 m, Überführungsreichweite 3500 km, Einsatzradius mit 5000 kg Waffen 500 km, Treibstoffverbrauch 1700 l/h.

Die Luftstreitkräfte der VR China sind mehrheitlich mit Flugzeugtypen aus der ehemaligen Sowjetunion ausgestattet, die zum Teil importiert wurden oder die man im Inland nachbaute. Zu den zahlenmäßig wichtigsten Mustern zählt immer noch das Jagdflugzeug *J-6*, das weitgehend eine Kopie aus dem zweisitzigen Typen Mikojan *Mig-19* darstellt, und von dem schätzungsweise 3000 Exemplare bei der Firma Shenjang gebaut wurden. Das staatliche Werk Nanchang entwickelte Mitte der 60er Jahre auf der Basis der *J-6* das verbesserte und verstärkte Mehrzweckmuster *A-5 Fantan*. Die *A-5* behielt weitgehend den Flügel sowie das Leitwerk mit der hohen Pfeilung von 55° von der *J-6*, während der Rumpf im vorderen Bereich eine erhebliche Veränderung bekam. Die Lufteinläße für die beiden Triebwerke verlegte man seitlich des Rumpfes und das Cockpit ist ebenfalls ganz neu gestaltet. Als feste Bewaffnung hat die *A-5* zwei Bordkanonen vom Kaliber 23 mm in den Flügelwurzeln und extern können an sechs Flügel- sowie vier Rumpfstationen zusammen 3000 kg Waffen befördert werden. Die Hauptaufgabe der *A-5* ist der Bodenkampf, deswegen besteht ihre Bewaffnung hauptsächlich aus Bomben von 250 kg oder 500 kg oder aus Raketenwerfern für ungelenkte Raketen vom Kaliber 57 mm bis 90 mm. Die *A-5* kam im Jahr 1967 in den aktiven Dienst und die Luftstreitkräfte der VR China beschafften rund 750 Maschinen. Die Exportvariante *A-5C* wurde in folgende Länder exportiert: Bangladesch (20), Mayanmar (24), Nordkorea (40) und Pakistan (60). Im Jahr 1988 entstand in Kooperation mit Alenia aus Italien die Variante *A-5M*, mit einer aufgewerteten Flug- und Kampfelektronik, das Muster kam jedoch nicht in die Serienfertigung. Die Produktion der *A-5* dürfte mittlerweile beendet sein, denn selbst für einen sehr geringe Kaufpreis ist die betagte Technologie dieses Musters nicht mehr verkäuflich. Bei den Streitkräften der VR China dürfte die *A-5* noch rund 15 Jahre im Dienst bleiben.

Kategorie: Boden- und Mehrzweckkampfflugzeug, Crew 1.
Bewaffnung: Zwei Bordkanonen Kal. 23 mm und an 10 externen Stationen Bomben oder andere Waffen bis 3000 kg Gesamtmasse.
Antrieb: Zwei Strahltriebwerke Wupan WP-6A mit je 29,4 kN ohne und je 36,8 kN mit Nachbrenner.
Hersteller: Nanchang Aircraft Manufacturing Company, VR China.
Erstflug: ~ 1965 / **Preis** k. A. / **Prod. Maschinen** ~ 900
Photo: (H. Kreuzer): Eine A-5C der Luftwaffe von der VR China.

Daten der A-5C

Spannweite 9,70 m, Länge 15,34 m, Höhe 4,52 m, Flügelfläche 27,95 m².
Leermasse 6700 kg, Startmasse 10 000 kg, mit Überlast 12 000 kg,
Treibstoff intern 3800 l, extern 2320 l.
Höchstgeschwindigkeit 1400 km/h (Mach 1,2), Landegeschwindigkeit
250 km/h, Dienstgipfelhöhe 16 000 m, max. Steigleistung 85 m/s,
Startrollstrecke 800 m, Überführungsreichweite 2000 km, Einsatzradius
mit 1500 kg Waffen 480 km, Treibstoffverbrauch 2200 l/h.

NAMC/PAC K-8 KARAKORUM International

Der leichte Jettrainer *K-8 Karakorum* entstand Mitte der 80er Jahre als ein internationales Joint-Venture-Projekt zwischen den Firmen NAMC – Nanchang Aircraft Manufacturing Company aus der VR China und PAC – Pakistan Aeronautical Complex. Die Entwicklung des *K-8* wurde von chinesischer Seite angeregt, um die eigenen Luftstreitkräfte mit einem modernen Schulflugzeug für die Grund- und Fortgeschrittenenschulung zu versorgen. Die VR China besitzt, gemessen an der Anzahl der Flugzeuge, einer der größten Luftstreitkräfte der Welt und der Bedarf für das Muster *K-8* dürfte bei mindestens 500 Maschinen liegen. Das Projekt K-8 wurde im Sommer 1987 erstmals in Modellform auf dem Aerosalon in Paris vorgestellt. Zu diesem Zeitpunkt konnte die Partnerfirma PAC gewonnen werden, sie übernahm die Entwicklung des Rumpfhecks, während die Endmontage des Musters von beiden Firmen durchgeführt wird. Die Luftstreitkräfte Pakistans haben einen Bedarf von 75 *K-8* angekündigt. Das Layout der Zelle sowie die Ausrüstung des *K-8* entsprechen weitgehend dem Standard in dieser Flugzeugklasse. Das Cockpit ist druckbelüftet und es hat zwei abgestufte Tandemsitze mit einer Katapultvorrichtung. Wichtige Elemente der Instrumentierung stammen von der US-Firma Collins, ebenso das Mantelstromtriebwerk TFE731 von der Firma Garrett. Es ist anzunehmen, daß der *K-8* für den Inlandbedarf mit einem chinesischen Antrieb ausgerüstet wird oder mit einem günstigen Lizenzprodukt. Als Option kann der *K-8* auch bewaffnet werden, dazu können an vier Flügelstationen total 943 kg Waffen mitgeführt werden und unter dem Rumpf ein Kanonenbehälter vom Kaliber 23 mm sowie 120 Schuß Vorrat. Im Jahr 1993 begann die Auslieferung des *K-8* an die Luftwaffe der VR China und 1994 an Pakistan. Der größte Exportkunde bis dato ist die Luftwaffe von Ägypten mit 80 *K-8*, gefolgt von Maynmar mit 12 Maschinen und Namibia mit 6 Maschinen. Ein Exportvorteil des *K-8* ist sein konkurrenzloser Kaufpreis von rund 4,5 Mio. US-\$.

Kategorie:	Basis- und Fortgeschrittenentrainer, Crew 2.
Bewaffnung:	Eine Kanonen Kal. 23 mm (120 Schuß) und an 4 Flügelstationen diverse Waffen bis 943 kg Gesamtmasse.
Antrieb:	Ein Mantelstromtriebwerk Garrett TFE731-2A mit 16 kN Standschub, kein Nachbrenner.
Hersteller:	NAMC, VR China und PAC, Pakistan.
Erstflug:	20.11.1990 / **Preis** ~ 4,5 Mio. US-\$ / **Prod. Maschinen** ~ 100
Photo:	(NAMC): Prototyp des K-8

Daten des K-8

Spannweite 9,63 m, Länge 11,60 m, Höhe 4,21 m, Flügelfläche 17,02 m². Leermasse 2687 kg, Startmasse 3630 kg, mit Überlast 4330 kg, Treibstoff intern 975 l, extern 500 l.
Höchstgeschwindigkeit 806 km/h (Mach 0,73), Landegeschwindigkeit 165 km/h, Dienstgipfelhöhe 13 000 m, max. Steigleistung 27 m/s, Startrollstrecke 410 m, Überführungsreichweite 2250 km, Einsatzradius mit 500 kg Waffen 600 km, Treibstoffverbrauch 365 l/h.

Am 13. August 1992 gründeten die Firmen von vier europäischen Nationen den Joint-Venture-Konzern *NHIndustries*, um gemeinsam einen Mehrzweckhubschrauber in der Klasse von 10 000 kg zu entwickeln. Den Hauptanteil an NHIndustries hält Eurocopter France mit 41,6 %, gefolgt von Eurocopter Deutschland mit 23,7 %, ferner Agusta aus Italien mit 28,2 % und Storck/Fokker aus den Niederlanden mit 6,5 % Anteil. Der *NH90* ist Gegenwärtig eines der bedeutendsten europäischen Joint-ventures im Bereich der Luftfahrt und er ist in erster Linie ein Waffensystem der NATO, wo er die älteren Hubschraubertypen *Bell UH-1*, den *Sea King* sowie den *Super Puma* ersetzten wird. Mit der Ablieferung des neuen Musters soll im Jahr 2003 begonnen werden und nach der gegenwärtigen Planung erhalten die Streitkräfte von Deutschland mit 243 Maschinen den höchsten Anteil, gefolgt von Italien mit 219, Frankreich mit 160 und den Niederlande mit 20 Maschinen. Der *NH90* beinhaltet alle innovativen Technologien der Gegenwart, dazu zählen eine Fly-by-Wire-Steuerung, eine geringe Radarsignatur, vier große Bildschirmanzeigen sowie eine digitale Intrumentierung in der Cockpit und fortschrittlichstes Baumaterial. Je nach Wahl des Abnehmers stehen für den Antrieb des *NH90* die Turbinen Rolls-Royce/Turbomeca *RTM322* oder General Electric *T700* zur Auswahl, beide mit einer max. Startleistung von 1666 kW. Die gegenwärtig in Vorbereitung stehen beiden Varianten sind der *TTH* – Tactical Transport Helicopter und *NFH* – New Frigate Helicopter. Der *TTH* bietet Platz für 20 Soldaten oder 12 liegende Verwundete oder bis zu 2500 kg Fracht, seine Kabine ist 2,0 m breit, 1,58 m hoch und 4,8 m lang. Der *NFH* ist in erster Linie ein Kampfhubschrauber für die Marine und zu den weiteren Missionen zählen der Such- und Rettungsdienst (SAR). Für den Einsatz gegen U-Boote oder Kriegsschiffe, besitzt seine Kabine eine umfangreiche Aufklärungs- und Kampfelektronik, die von vier Offizieren bedient wird. Zum Abstellen auf Schiffen hat er einen faltbaren Hauptrotor.

Kategorie:	Kampf- und Mehrzweckhubschrauber, Crew 2 bis 6.
Bewaffnung:	(NFH): Zwei Torpedos oder zwei Lenkwaffen oder Tiefenbomben bis max. 1500 kg.
Antrieb:	Zwei Turbinen Rolls-Royce/Turbomeca RTM322-01/9 oder General Electric T700-T6E mit je 1666 kW Startleistung.
Hersteller:	NHIndustries, Deutschland, Frankreich, Italien und Niederl.
Erstflug:	18.12.1995 / **Preis** ~ 17 Mio. € / **Prod. Maschinen** 6 Protot.
Photo:	(EHI): Einer der Prototypen des NH90

Daten des NH90 TTH

Durchmesser des Hauptrotors 16,30 m, des Heckrotors 3,20 m, Rumpflänge 16,14 m, Höhe 5,56 m. Leermasse 5500 kg, Startmasse 9100 kg, mit Überlast 10 000 kg, Treibstoff ~ 2500 l.
Höchstgeschwindigkeit 300 km/h, Dienstgipfelhöhe 6000 m, Schwebehöhe mit Bodeneffekt 3500 m, ohne Bodeneffekt 2900 m, max. Steigleistung 11 m/s, Überführungsreichweite 1150 km, Reichweite mit 2000 kg Nutzmasse 500 km, Treibstoffverbrauch 600 l/h.

NORTHROP F-5E TIGER II   USA

Vor rund 40 Jahren entwickelte die kalifornische Flugzeugfirma Northrop den erfolgreichen Leichtgewichtjäger *F-5*, der 27 Jahre in der Serienproduktion stand und von dem 2610 Maschinen in 30 Länder verkauft wurden. Angeregt wurde die Entwicklung dieses späteren Bestsellers durch das US-Verteidigungsministerium, das nach einem leichten und kostengünstig zu beschaffenden Abfangjäger verlangte, mit dem man die westlich-orientierten Länder der Dritten Welt ausrüsten konnte. Unter dem Military Assistance Programm – *MAP*, kaufte das US-Verteidigungsministerium ab 1962 von der Basisversion *F-5A* sowie der zweisitzigen Trainervariante *F-5B* total 800 Maschinen für dieses Programm, das auch als *„Freedom Fighter"* bezeichnet wurde. Weitere 300 *F-5A/B* erwarb die USAF bevor die Produktion 1972 auf die verstärkte Variante *F-5E* bzw. *F-5F* als Zweisitzer umgestellt wurde. Die *F-5A* hat eine Startmasse von 5760 kg oder 8620 kg im Überlastfall, etwa 2500 kg Waffenzuladung und die Höchstgeschwindigkeit beträgt rund 1500 km/h. Die Varianten *F-5E/F* bekamen die Zusatzbezeichnung *„Tiger II"* und sie kam 1973 bei der USAF erstmals in den aktiven Dienst, es wurden 130 Maschinen beschafft. Etwa weitere 1300 Maschinen erwarben ausländische Kunden, bevor die Produktion 1987 endete. In Kanada, den Niederlanden, Spanien, Südkorea und Taiwan wurde das Muster in Lizenz hergestellt, davon allein 310 Maschinen in Taiwan. Zu den letzten Abnehmern der *Tiger II* zählte die Schweiz mit 110 Maschinen. Gegenwärtig stehen in etwa 25 Ländern noch rund 1500 *F-5* in verschiedenen Versionen im Dienst und die neueren Maschinen der Variante *F-5E/F* dürften noch weitere 15 Dienstjahre vor sich haben. Aus diesem Grund bieten mehrere Firmen für dieses Muster Nachrüstungsprogramme an, um die Innenausrüstung aufzuwerten mit der man auch den Kampfwert der Maschine steigern kann. Bei der Schweizer Flugwaffe werden einige *Tiger II* von der Kunstflugstaffel *„Patrouille Suisse"* in verwendet.

Kategorie:	Leichter Abfangjäger, Crew 1.
Bewaffnung:	Zwei Bordkanonen Kaliber 20 mm und 6 Luft-Luft-Lenkwaffen oder andere Waffenkombinationen bis 3175 kg.
Antrieb:	(F-5E/F): Zwei Strahltriebwerke General Electric J85-GE-21B mit je 15,5 kN ohne und je 22,24 kN mit Nachbrenner.
Hersteller:	Northrop Corporation, Werk Los Angeles, USA.
Erstflug:	30.07.1959 / **Preis** ~ 25 Mio. US-\$ / **Prod. Maschinen** 2610
Photo:	(AGE): Zwei F-5F der spanischen Luftwaffe.

Daten der F-5E

Spannweite 8,13 m, Länge 14,72 m, Höhe 4,11 m, Flügelfläche 17,30 m².
Leermasse 4450 kg, Startmasse 7144 kg, mit Überlast 11 214 kg,
Treibstoff intern 2564 l, extern 1040 l.
Höchstgeschwindigkeit 1730 km/h (Mach 1,6), Landegeschwind. 250 km/h,
Dienstgipfelhöhe 15 800 m, max. Steigleistung 175 m/s, Startrollstrecke
550 m, Überführungsreichweite 3170 km, Einsatzradius mit 1500 kg Waffen
680 km, Treibstoffverbrauch 1200 l/h.

NORTHROP T-38A TALON   USA

Seit nahezu 40 Jahren werden bei der US Air Force die angehenden Piloten für Kampfflugzeuge auf dem überschallschnellen Trainer *T-38A Talon* geschult. Die *T-38A* wurde aus dem Projekt *Northrop N-156* abgeleitet, aus dem auch der Abfangjäger *F-5* entstand. Gegenüber der *F-5* hat die *T-38A* einen kleineren Flügel und eine geringere Startmasse. Auffallend an der *T-38A* ist neben dem kleinen Flügel das besonders schlanke Profil. Das Cockpit ist druckbelüftet, es hat zwei abgestufte Tandemsitze mit Katapultvorrichtung und der hintere Sitz des Fluglehrers ist um 0,25 m überhöht. Für die Flugerprobung, die im April 1959 begann, entstanden drei Prototypen mit der Bezeichnung *YT-38*. Im März 1961 kam die Serienversion *T-38A* bei der USAF in den aktiven Dienst. Zwischen 1961 bis 1970 lieferte Northrop insgesamt 1140 *T-38A* an die USAF. Weitere 46 *T-38A* kaufte 1966 die deutsche Luftwaffe für die Pilotenschulung im Süden der USA, diese Maschinen haben USAF-Kennzeichen und sie stehen heute noch im Einsatz. Für das Waffentraining ließ die USAF 130 Maschinen auf den Standard *AT-38B* umrüsten, diese Variante hat einen MG-Behälter vom Kaliber 7,62 mm unter dem Rumpf und zwei Flügelstationen für leichte Übungsbomben. Die *AT-38B* wurde mittlerweile ausgemustert und ferner ließ man rund 300 *T-38A* einmotten. Nach den gegenwärtigen Plänen sollen die etwa 700 im Dienst stehenden *T-38A* bis zum Jahr 2015 im Einsatz bleiben. Unter der Typenbezeichnung *T-38C*, wird seit 1998 eine mit moderner Avionik nachgerüstete Talon von Boeing getestet. Über eine Umrüstung der vorhandenen *T-38A* ist bis zum Jahr 2000 noch nicht entschieden worden. Aus den Beständen der USAF wurden auch einige *T-38A* ins Ausland verkauft, darunter an Taiwan und Portugal. Ein weiterer Kunde der *T-38A* ist auch die US-Luft- und Raumfahrtorganisation *NASA*, wo das Muster u. A. für das Training von zukünftigen Astronauten benutzt wird. Die *T-38A Talon* wird auch in der nächsten Zukunft der einzige Jettrainer mit Überschallgeschwindigkeit bleiben. Im Juli 1994 übernahm Northrop die US-Flugzeugfirma Vought Aircraft.

Kategorie:	Überschallschulflugzeug, Crew 2.
Bewaffnung:	Keine
Antrieb:	Zwei Strahltriebwerke General Electric J85-GE-5 mit je 11,30 kN ohne und je 17,14 kN mit Nachbrenner.
Hersteller:	Northrop Corporation, Werk Los Angeles, USA.
Erstflug:	10.04.1959 / **Preis** 6 Mio. US-$ / **Prod. Maschinen** 1143
Photo:	(H. Kreuzer): T-38A der US Air Force

Daten der T-38A

Spannweite 7,70 m, Länge 14,14 m, Höhe 3,93 m, Flügelfläche 15,78 m².
Leermasse 3360 kg, Startmasse 5466 kg, Treibstoff 2200 l.
Höchstgeschwindigkeit 1380 km/h (Mach 1,2), Landegeschwind. 260 km/h,
Dienstgipfelhöhe 16 300 m, max. Steigleistung 145 m/s, Startrollstrecke 450 m, Überführungsreichweite 1450 km, max. Flugdauer rund 1,5 Stunden Treibstoffverbrauch 1100 l/h.

NORTHROP GRUMMAN EA-6B PROWLER   USA

Das allwettertaugliche träger- und landgestützte Marineflugzeug Grumman *EA-6B Prowler* begann im Januar 1971 seinen aktiven Dienst bei der US Navy und später auch bei dem US Marine Corps und seine Hauptaufgabe ist die elektronische Kriegführung (ECM). Im Sommer 1972 kam das Muster im Vietnamkrieg erstmals auf einem Kriegsschauplatz zum Einsatz. Die Prowler entstand auf der Basis des trägergestützten Kampfflugzeuges Grumman *A-6 Intruder*, mit einem 1,4 m verlängerten Vorderrumpf für das zusätzliche Cockpit und schubstärkeren Triebwerken für die höhere Startmasse. In den beiden Cockpits sind neben dem Piloten drei weitere Crewmitglieder für die Bedienung der umfangreichen Elektronik. Die Störelektronik ist in drei bis vier Behältern unter dem Flügel sowie unter dem Rumpf untergebracht und die kleinen Luftschrauben an den Behälterspitzen dienen zur Erzeugung von elektrischen Strom. Unter der Verkleidung an der Spitze des Seitenleitwerks befinden sich mehrere Empfangsantennen zum Aufspüren des gegnerischen Radars. Zur Selbstverteidigung wird das Muster gewöhnlich mit zwei Luft-Luft-Lenkwaffen ausgerüstet. Für lange Überführungsflüge können an den fünf externen Stationen jeweils 1514 l Tanks mitgeführt werden und eine Anlage zur Betankung während des Fluges gibt dem Muster eine strategische Reichweite. Bis zum November 1991 lieferte Grumman 170 *EA-6B* aus, davon gingen 20 Maschinen an das US Marine Corps und die restlichen 150 an die US Navy. Durch insgesamt vier Nachrüstungsprogramme wurden alle Maschinen immer auf den neuesten Stand der Elektroniktechnologie gebracht. Ab 1998 übernahm die *Prowler* auch die ECM-Aufgaben der ausgemusterten *EF-111A Raven* bei der US Air Force. Die *Prowler* wird wahrscheinlich noch 15 bis 20 Jahre im Dienst bleiben. Die bekannte Firma Grumman aus Bethpage im Bundesstaat New York wurde im April 1994 für 2,17 Milliarden US-$ von Northrop übernommen, der Konzern hat Gegenwärtig rund 45 000 Mitarbeiter.

Kategorie:	Marineflugzeug für die elektronische Kriegführung, Crew 4
Bewaffnung:	Zwei bis vier Luft-Luft-Lenkwaffen zur Selbstverteidigung.
Nutzmasse:	Drei bis fünf Elektronikbehälter an fünf externen Stationen.
Antrieb:	Zwei Strahltriebwerke Pratt & Whitney J52-P-408A mit je 49,8 kN Standschub, keine Nachbrenner.
Hersteller:	Grumman Corporation, Werk Bethpage, USA.
Erstflug:	25.05.1968 / **Preis** ~ 50 Mio. US-$ / **Prod. Maschinen** 170
Photo:	(Grumman): EA-6B Prowler der US Navy

Daten der EA-6B

Spannweite 16,15 m, Länge 18,24 m, Höhe 4,95 m, Flügelfläche 49,14 m².
Leermasse 14 775 kg, Startmasse 24 703 kg, mit Überlast 27 488 kg, Treibstoff intern 8800 l, extern 7570 l.
Höchstgeschwindigkeit 1048 km/h (Mach 0,90), Landegeschw. 220 km/h, Dienstgipfelhöhe 12 500 m, max. Steigleistung 65 m/s, Startrollstrecke 700 m, Überführungsreichweite 3200 km, Einsatzradius 800 km, Treibstoffverbrauch 3000 l/h.

NORTHROP GRUMMAN E-2 HAWKEYE   USA

Die Grumman *E-2 Hawkeye* ist eine fliegende Frühwarnstation. die sowohl von Landbasen als auch von Flugzeugträgern aus eingesetzt wird und sie ist allwettertauglich. Entwickelt wurde das Muster ursprünglich für die Bedürnisse der US Navy, die mit 133 Maschinen der größte Betreiber wurde. Die Basisversion *E-2A* begann im Januar 1964 den Einsatz und sie wurde in 59 Exemplaren ausgeliefert. Bis zum Ende der 60er Jahre rüstet man alle *E-2A* mit einem fortschrittlicheren Radarsystem aus und sie bekamen die neue Typenbezeichnung *E-2B*, sie sind aber mittlerweile alle ausgemustert. Im Januar 1971 begannen die Einsatztests mit der weiterentwickelten Variante *E-2C*, sie erhielt das damals besonders leistungsfähige Radarsystem General Electric APS-125, ferner ein digitales Computersystem und dank der höheren Triebwerkleistung erzielte man bessere Flugleistungen.

Die *E-2C* kam ab 1974 in den Dienst der US Navy und bis 1993 wurden alle 131 bestellten Maschinen ausgeliefert. Von den ausländischen Betreibern ist Japan mit 13 *Hawkeyes* führend, gefolgt von Ägypten mit 6 und Frankreich, Israel, Singapur sowie Taiwan mit je 4 Maschinen. Die *E-2C* der US Navy bekamen während ihrer langen Einsatzdauer insgesamt vier Upgrades, um die Computer- und Radartechnologie dem neuesten Leistungsstand anzupassen.

1998 begann die Flugerprobung mit der aktuellen Variante *Hawkeye 2000*, von der die US Navy 21 Maschinen orderte. Diese Variante beinhaltet den neuesten Stand der Technologie, u. A. besitzt sie das Radarsystem APS-145, eine Anlage zur Satelitenkommunikation, eine GPS-Navigation und eine Neugestaltung der Datenübertragung. Die umfangreiche Computer- und Radarausrüstung der *Hawkeye* wird von sechs Offizieren bedient, sie wiegt rund 5500 kg und mit ihrer Hilfe können fliegende Ziele bis etwa 500 km Entfernung beobachtet werden. Die rotierende Tellerantenne über dem Rumpf ist das Erkennungsmerkmal der *Hawkeye*, sie hat 7,32 m Durchmesser und wiegt 907 kg.

Kategorie:	Fliegende Frühwarnstation und Kommandozentrale, Crew 8.
Bewaffnung:	Keine
Nutzmasse:	Rund 5500 kg Aufklärungselektronik.
Antrieb:	Zwei Propellerturbinen Allison T56-A-427 mit je 3805 kW Startleistung.
Hersteller:	Northrop/Grumman Corporation, Werk Bethpage, USA.
Erstflug:	20.10.1960 / **Preis** ~ 100 Mio. US-$ / **Prod. Maschinen** 220
Photo:	(Grumman): E-2C der US Navy

Daten der E-2C

Spannweite 24,56 m, Länge 17,54 m, Höhe 5,58 m, Flügelfläche 65,05 m². Leermasse 18 364 kg, Startmasse 24 689 kg, Treibstoff 7030 l. Höchstgeschwindigkeit 626 km/h, Landegeschwindigkeit 185 km/h, Dienstgipfelhöhe 11 275 m, max. Steigleistung 9 m/s, Startrollstrecke 565 m, Überführungsreichweite 2900 km, Einsatzradius 1200 km, Einsatzdauer 5 Stunden, Treibstoffverbrauch 3000 l/h.

NORTHROP GRUMMAN F-14 TOMCAT   USA

Der trägergestützte Abfangjäger *F-14 Tomcat* zählt zu den kampfstärksten Mustern der Gegenwart und er begann im September 1974 den aktiven Dienst bei der US Navy, wo er schrittweise den Typ *F-4 Phantom II* ersetzte. Die *F-14* ist mit ihrem weitreichenden Radar- sowie Waffensystem ein komplettes Luftkampfwaffensystem, das die Flugzeugträger und ganze Flottenverbände der US Marine aus der Luft beschützt. Das Muster kann sechs Gegner gleichzeitig bekämpfen, die Hauptwaffen sind entweder sechs Luft-Luft-Lenkwaffen von kurzer oder mittlerer Reichweite, oder der Typ Hughes *AIM-54 Phoenix* mit rund 160 km Reichweite. Die Zelle der *F-14* besteht zu 39,4 % aus Aluminiumlegierungen, 24,4 % Titan und 17,4 % Stahl. Für optimale Leistungen bei der Wendigkeit in der gesamten Geschwindigkeitsbandbreite hat die *F-14* eine variable Flügelgeometrie, die von einem Computer geschwindigkeitsabhängig eingestellt wird, maximaler Winkel 68°. Die Besatzung besteht aus dem Piloten und dem Waffenoffizier. Von der Basisversion *F-14A* lieferte Grumman 478 Maschinen an die US Navy und 79 weitere an die Luftwaffe vom Iran. Die iranischen *F-14A* dürften wegen der fehlenden Ersatzteilversorgung durch das US-Embargo gegen dieses Land kaum noch einsatzfähig sein. Die *F-14A* hat als Antrieb zwei Mantelstromtriebwerke Pratt & Whitney TF30 mit je 93 kN Standschub und knapp 32 000 kg max. Startmasse. Der Antrieb der Variante *F-14B* besteht aus zwei Triebwerken General Electric F110-GE-400 mit je 120 kN Standschub, es wurden 38 neue Maschinen gebaut und 56 weitere ließ man umrüsten. Die Produktion endete nach dem Bau von 37 Maschinen der fortschrittlichsten Variante *F-14D*, die sich von den A/B-Varianten durch eine erheblich leistungsgesteigerte Elektronik sowie eine digitale Instrumentierung der Cockpit unterscheidet. Eine geplante Umrüstung von *F-14A/B* auf den Standard *F-14D* wurde nach dem Ende der Sowjetunion annulliert. Die geplante Einsatzdauer der Tomcat soll bis zum Jahr 2010 reichen.

Kategorie:	Trägergestützter Abfangjäger für lange Strecken, Crew 2.
Bewaffnung:	Eine Bordkanone Kal. 20 mm und sechs Luft-Luft-Lenkwaffen an 6 Flügel/Rumpfstationen, Gesamtmasse bis 6577 kg.
Antrieb:	(F-14D): Zwei Mantelstromtriebwerke General Electric F110-GE-400 mit je 71,5 kN ohne und 120,07 kN mit Nachbrenner.
Hersteller:	Grumman Corporation, Werk Bethpage, USA.
Erstflug:	21.12.1970 / **Preis** ~ 95 Mio. US-$ / **Prod. Maschinen** 632
Photo:	(Grumman): F-14D der US Navy

Daten der F-14D

Spannweite 11,65/19,54 m, Länge 19,1 m, Höhe 4,88 m, Flügelfl. 52,50 m². Leermasse 18 950 kg, Startmasse 29 073 kg, mit Überlast 33 725 kg, Treibstoff intern 9185 l, extern 2155 l.
Höchstgeschwindigkeit 2480 km/h (Mach 2,3), Landegeschwin. 230 km/h, Dienstgipfelhöhe 18 000 m, max. Steigleistung 155 m/s, Startrollstrecke 500 m, Überführungsreichweite 3300 km, Einsatzradius mit 3000 kg Waffen 1500 km, Treibstoffverbrauch 3500 l/h.

NORTHROP GRUMMAN B-2A SPIRIT   USA

Die recht bizarr aussehende *B-2A Spirit* zählt neben den Typen *B-52H* und *B-1B* zur strategischen Bomberflotte der USA. Mit der Entwicklung der *B-2* wurde vor rund 20 Jahren unter strengster Geheimhaltung begonnen und das Projekt erhielt zu Tarnzwecken wechselnde Bezeichnungen. Erst kurz vor der Fertigstellung des ersten Prototypen, im Frühjahr 1988, wurde das Projekt offiziell bekanntgegeben. Nach einer besonders langen Flugerprobung von rund sieben Jahren, kam die Basisvariante *B-2A Spirit* im Januar 1997 in den aktiven Dienst. Nach dem Ende des sogenannten Kalten Krieges wurde die *B-2A* nicht mehr als notwendig betrachtet, darum endete die Produktion bereits nach 21 Maschinen, Gesamtkosten des Projektes *B-2A* rund 45 Milliarden US-$. Neben Northrop Grumman waren an dem Projekt rund 800 Firmen aus den USA beteiligt, darunter Boeing als größter Auftragnehmer, zuständig für die Flügelstruktur. Die *B-2A* ist nach dem Nurflügelprinzip entworfen, mit guten Stealth-Eigenschaften und sie beinhaltet im großen Masse revolutionäre Technologien aus dem modernen Flugzeugbau. Für die Zelle verendete man zum großen Teil Verbundwerkstoffe, die neben einer hohen Festigkeit auch einfallende Radarstrahlen weitgehend absorbieren. Die Ausläse der Triebwerke haben eine Verwirbelung der warmen Abgase und sie sind über dem Flügel angeordnet, um eine Ortung mit Infrarottechnologie von Boden aus zu erschweren. Die Kurssteuerung erfolgt mit Hilfe einer schmetterlingförmigen Ruderkombination an den Flügelenden. Das Muster ist für konventionelle oder nukleare Einsätze ausgelegt und es kann sowohl im Tiefflug als auch in großen Höhe operieren. Im den beiden Waffenschächten haben entweder 16 nukleare Bomben vom Typ *B83* mit jeweils 2 mt Sprengkraft Platz, oder 80 konventionelle Bomben des Typs *Mk.82* mit jeweils 227 kg Gewicht. Ferner besitzen die Waffenschächte eine rotierende Vorrichtung zum Absetzten von insgesamt 16 Lenkwaffen kurzer oder mittlerer Reichweite.

Kategorie:	Bomber für Langstrecken, Crew 2.
Bewaffnung:	Bis etwa 22 000 kg in zwei Waffenschächten, darunter verschiedene Bomben oder Lenkwaffen.
Antrieb:	Vier Mantelstromtriebwerke General Electric F118-GE-110 mit je 84,52 kN Standschub, keine Nachbrenner.
Hersteller:	Northrop Grumman, Werk Palmdale, USA.
Erstflug:	17.07.1989 / **Preis** ~1 Milliarden US-$ / **Prod. Maschinen** 21
Photo:	(Northrop): B-2A Spirit der USAF

Daten der B-2A

Spannweite 52,43 m, Länge 21,04 m, Höhe 5,18 m, Flügelfläche 478,00 m².
Leermasse 54 450 kg, Startmasse 152 636 kg, mit Überlast ~ 168 500 kg, Treibstoff 90 500 l.
Höchstgeschwindigkeit 980 km/h (Mach 0,89), Landegeschwind. 240 km/h, Dienstgipfelhöhe 15 245 m, max. Steigleistung 10 m/s, Startrollstrecke 2000 m, Überführungsreichweite 11 100 km, Einsatzradius mit 10 000 kg Waffen 5000 km, Treibstoffverbrauch 7000 l/h.

PANAVIA TORNADO   International

Ende der 60er Jahre entschlossen sich die NATO-Länder Deutschland, Großbritannien und Italien zur gemeinsamen Entwicklung eines Mach 2,2 schnellen, allwettertauglichen Mehrzweckkampfflugzeug, das in Großbritannien die Muster Buccaneer, Canberra und Lightning ersetzen sollte und in den beiden anderen Ländern den legendären F-104 Starfighter. Das Projekt bekam den Namen *Tornado* und für die gemeinsame Entwicklung den Bau sowie die technische Betreuung entstand im März 1969 das Industriekonsortium *Panavia* mit dem Firmensitz in München. An Panavia sind die British Aerospace sowie DASA mit je 42,5 % beteiligt und Alenia aus Italien mit 15 %. BAe zeichnet für das Rumpfheck, das Leitwerk sowie den Rumpfbug inkl. Cockpit verantwortlich, die DASA für das Rumpfmittelteil inkl. des Flügelverstellsystems und Alenia für die gesamte Flügelstruktur. Für den Antrieb des Tornados zeichnet das tri-nationale Konsortium *Turbo-Union* verantwortlich. Die Endmontage des Musters erfolgte in allen drei Partnerländern und die Produktion umfaßte drei Varianten: *ADV* – Air Defence Variant (Abfangjäger) für die Royal Air Force (170) und die Royal Saudi Air Force (24), *IDS* – Interdiction and Strike (Mehrzweckvariante) für die RAF (228), die deutsche Luftwaffe (322), die Italienische Luftwaffe (99) und die RSAF 96 und die Variante *ECR* – Electronic Combat and Reconnaissance (elektronische Leit- und Kampfführung) für die deutsche Luftwaffe (35) und 16 Umrüstungen für die Italienische Luftwaffe.
Saudi Arabien war der einzige Exportkunde des Tornados mit 120 Maschinen. Die Produktion dieses erfolgreichen europäischen Kampfflugzeuges endete im September 1998 nach der Auslieferung der 974. Maschine an die RSAF. Die ADV-Variante (F3) hat als Einzige den um 1,4 m verlängerten Rumpfbug, nur eine Bordkanone, aber 8 Luft-Luft-Lenkwaffen. Die anderen Varianten haben mehrheitlich zwei Bordkanonen und 7 externe Stationen für max. 9000 kg Zuladung.

Kategorie:	Abfangjäger und Mehrzweckkampfflugzeug, Crew 2.
Bewaffnung:	Ein bis zwei Bordkanonen Kal. 27 mm und an 7 externen Stationen max. 9000 kg, (ADV) 8500 kg Zuladung.
Antrieb:	Zwei Mantelstromtriebwerke Turbo-Union RB.199-105 mit je 42,0 kN ohne und je 75,0 kN mit Nachbrenner.
Hersteller:	Panavia Konsortium, Deutschland, Großbritannien und Italien
Erstflug:	15.08.1974 / **Preis** ~ 35 Mio. US-$ / **Prod. Maschinen** 974
Photo:	(BAe): Tornado IDS (GR1) der Royal Air Force.

Daten der ADV
Spannweite 8,60/13,91 m, Länge 18,10 m, Höhe 5,95 m, Flügelfl. 26,50 m². Leermasse 14 500 kg, Startmasse 23 000 kg, mit Überlast 28 000 kg, Treibstoff intern 6560 l, extern 7300 l.
Höchstgeschwindigkeit 2350 km/h (Mach 2,2), Landegeschwin. 235 km/h, Dienstgipfelhöhe 15 500 m, max. Steigleistung 270 m/s, Startrollstrecke 700 m, Überführungsreichweite 3900 km, Einsatzradius mit 5000 kg Waffen 1400 km, Treibstoffverbrauch 2400 l/h.

PILATUS PC-7   Schweiz

Die schweizer Firma Pilatus in Stans am Vierwaldstätter See, ist seit 1939 im Flugzeugbau tätig und zu den erfolgreichen Produkten dieses Unternehmens zählen die Turboprop-Trainer *PC-7* und *PC-9*, von denen weltweit zusammen rund 750 Maschinen verkauft wurden.

Die *PC-7* ist eine Weiterentwicklung aus dem Muster *PC-3* (Erstflug 1953), durch den Einbau einer Propellerturbine an Stelle des ursprünglichen Kolbenmotors und einer generellen Strukturverstärkung. Eine umgebaute PC-3 begann 1966 mit den ersten Flugtests und die Erste neukonstruirte *PC-7* flog erstmals 1975.

Als erster Kunde kaufte ab 1979 die schweizer Flugwaffe 40 *PC-7* und später folgten 19 weitere Streitkräfte. Zu den Abnehmern des Musters zählen auch zivile Kunden und bis zum Jahr 2000 verkaufte Pilatus knapp 500 Maschinen von der *PC-7*. Die Basisvariante hat eine Propellerturbine Pratt & Whitney Canada PT6A-25A mit 410 kW Startleistung, 2700 kg Startmasse und 500 km/h Höchstgeschwindigkeit.

Mit einer Bestellung über 60 Maschinen durch die Luftwaffe von Südafrika, wurde 1992 die verstärkte Variante *PC-7MK II* eingeführt. Sie hat eine stärkere Propellerturbine PT6A-25C mit 522 kW Startleistung, 2850 kg Startmasse und sie ist serienmäßig mit zwei Schleudersitzen ausgerüstet.

Bei der Luftwaffe Südafrikas begann die neue PC-7Mk II 1996 den aktiven Einsatz und der zweite Abnehmer dieser Variante ist die Luftwaffe von Brunei mit vier Maschinen. Zu den bedeutendsten Abnehmern der PC-7-Baureihe zählen die Streitkräfte folgender Länder: Angola (26), Bolivien (25), der Irak (52), Malaysia (45), Mexiko (90) und die Vereinigten Arabischen Emirate mit 32 Maschinen.

Als Option kann die *PC-7* auch als leichtes Kampfflugzeug ausgerüstet werden, dazu werden unter dem Flügel sechs Stationen mit einer Zuladung von 1040 kg angebracht, darunter auch zwei Zusatztanks für je 240 l.

Kategorie:	Basis- und Fortgeschrittenenschulflugzeug, Crew 2.
Bewaffnung:	Als Option diverse Waffen bis max. 1040 kg an sechs Flügelstationen.
Antrieb:	(PC-7Mk II): Eine Propellerturbine Pratt & Whitney of Canada PT6A-25C mit 522 kW Startleistung.
Hersteller:	Pilatus Aircraft Ltd, Werk Stans, Schweiz.
Erstflug:	12.05.1975 / **Preis** ~ 5 Mio. US-$ / **Prod. Maschinen** ~ 500
Photo:	(Pilatus): PC-7Mk II der Luftwaffe von Südafrika.

Daten der PC-7Mk II

Spannweite 10,12 m, Länge 10,13 m, Höhe 3,26 m, Flügelfläche 16,28 m².
Leermasse 1670 kg, Startmasse 2250 kg, mit Überlast 2850 kg,
Treibstoff intern 535 l, extern 480 l.
Höchstgeschwindigkeit 556 km/h, Landegeschwindigkeit 140 km/h, Dienstgipfelhöhe 10 000 m, max. Steigleistung 14,4 m/sec, Startrollstrecke 350 m,
Überführungsreichweite 1950 km, Einsatzradius mit 700 kg Waffen 150 km,
Treibstoffverbrauch 195 l/h.

PILATUS PC-9   Schweiz

Anfang der 80er Jahre begann man bei Pilatus mit den Studien für eine leistungsgesteigerte Ausführung des Musters *PC-7*. Mit einem solchen Muster wollte man in erster Linie Abnehmer ansprechen, die anspruchsvolle und komplexe Schulungsanforderungen an ein Trainingsflugzeug stellen. Das bedeutete ein Muster mit gesteigerten Flugleistungen und einer erweiterten Ausrüstung gegenüber der *PC-7*.

Das Projekt erhielt die Typenbezeichnung *PC-9* und der Prototyp begann im Mai 1984 mit der Flugerprobung. Äußerlich unterscheidet sich die *PC-9* gegenüber der *PC-7* hauptsächlich durch die neugestaltete Cockpithaube und ferner ist der hintere Sitz des Fluglehrers höher gesetzt, zur besseren Sicht nach vorne. Ein weiterer, wesentlicher Unterschied zur *PC-7* ist der Antrieb mit der Propellerturbine *PT6A-62* mit 858 kW Maximalleistung, reduziert auf 709 kW Startleistung, die auf eine Vierblatt-Luftschraube übertragen wird.

Die anspruchsvolle Avionik der *PC-9* erleichtert den Flugschülern den Übergang auf die Kampfflugzeuge. Ähnlich wie die *PC-7* ist auch die *PC-9* zu einem leichten Kampfflugzeug ausrüstbar, mit sechs Stationen unter dem Flügel.

Mit der Auslieferung der *PC-9* wurde im Herbst 1986 begonnen, bis zum Jahr 2000 verließen knapp 250 Maschinen das Werk in Stans und wurden an Streitkräfte in elf Ländern ausgeliefert. Zu den bedeutendsten Kunden der *PC-9* zählen Australien mit 67 Maschinen, der Irak und Kroatien übernahmen je 20 Maschinen, Saudi Arabien 50, Thailand 38 und für den Zielschleppflug gingen 10 Maschinen an die deutsche Luftwaffe und 12 an die schweizer Flugwaffe. Einen großen Erfolg erzielte die *PC-9* mit dem Gewinn der Ausschreibung für das *JPATS* für die US-Luftstreitkräfte.

Aktuellste Variante ist die *PC-9M*, sie erhielt eine Reihe von Detailverbesserungen.

Kategorie:	Basis- und Fortgeschrittenenschulflugzeug, Crew 2.
Bewaffnung:	Als Option sechs Stationen unter dem Flügel für diverse Waffen bis 1040 kg.
Antrieb:	Eine Propellerturbine Pratt & Whitney of Canada PT6A-62 mit 709 kW Startleistung.
Hersteller:	Pilatus Aircraft Ltd, Werk Stans, Schweiz.
Erstflug:	07.05.1984 / **Preis** ~ 7 Mio. US-$ / **Prod. Maschinen** ~ 250
Photo:	(Pilatus): PC-9 Demonstrator

Daten der PC-9

Spannweite 10,12 m, Länge 10,18 m, Höhe 3,26 m, Flügelfläche 16,28 m².
Leermasse 1725 kg, Startmasse 2350 kg, mit Überlast 3200 kg,
Treibstoff intern 535 l, extern 480 l.
Höchstgeschwindigkeit 593 km/h, Landegeschwindigkeit 140 km/h, Dienstgipfelhöhe 11 580 m, max. Steigleistung 20,8 m/s, Startrollstrecke 350 m, Überführungsreichweite 1600 km, Einsatzradius mit 500 kg Waffen 250 km, Treibstoffverbrauch 270l/h.

RAYTHEON/BEECH T-6A TEXAN II   USA

Anfang der 90er Jahre gaben die US Air Force und die US Navy unter der Bezeichnung *JPATS* – Joint Primary Aircraft Training System, eine gemeinsame Ausschreibung für ein neues Standard-Schulflugzeug heraus. Neu an dieser Ausschreibung war, daß man neben dem Schulflugzeug ein komplettes Trainingsystem forderte, das die Simulatoren sowie die gesamte Logistik für dieses integrierte System beinhalten mußte. Eine weitere Forderung dieser Ausschreibung war, daß die JPATS-Bewerber die Entwicklungskosten fürs gesamte System selber tragen mußten. Bis zum Ende des Wettbewerbs blieben sieben Bewerber übrig, von denen 1995 die zum Raytheon Konzern gehörende Firma Beech Aircraft Company mit dem Muster *T-6A Texan II* als Sieger ernannt wurde. Beech bildete mit den Pilatus-Werken aus der Schweiz ein Team für den JPATS-Wettbewerb und verwendete dafür eine erheblich modifizierte Ausführung der *Pilatus PC-9*. Als Typennamen verwendete man den des legendären Schulflugzeuges North American *T-6 Texan* aus den 40er Jahren. Obwohl die *T-6A* der PC-9 äusserlich stark ähnelt, ist sie mehrheitlich doch ein ganz neues Flugzeug. So besitzt die Zelle der *T-6A* eine ganze Reihe von geänderten Komponenten mit mehr Festigkeit, ferner bekam die Cockpit eine Druckbelüftung und aus diesem Grund eine verstärkte, dreigeteilte Cockpithaube. Daneben wurde die gesamte Ausrüstung für die Einsatzbedingungen bei den neuen Betreibern angepaßt. Zwischen 1999 bis 2000 findet die Truppenerprobung der *T-6A* statt, danach beginnt die Auslieferung. Bis 2008 werden insgesamt 711 *T-6A* ausgeliefert, 372 an die USAF und 339 an die US Navy. Weitere 24 Maschinen erhält gegenwärtig Bombardier Services, die für die Schulung von NATO-Piloten in Kanada eingesetzt werden. Die Luftwaffe Griechenlands hat 45 *T-6A* bestellt und Chile kauft wahrscheinlich 20 Maschinen. Das leistungsfähige und gut ausgerüstete Muster dürfte in den nächsten zehn Jahren noch weitere Exportaufträge erhalten. Der Raytheon Konzern ist hauptsächlich in dem Bereich Elektronik tätig.

Kategorie:	Basis- und Fortgeschrittenenschulflugzeug, Crew 2.
Bewaffnung:	Nicht vorgesehen, aber bei Exportkunden dürfte eine ähnliche Variante wie bei der PC-9 gefragt sein.
Antrieb:	Eine Propellerturbine Pratt & Whitney PT6A-68 mit 821 kW Startleistung.
Hersteller:	Raytheon/Beech, Werk Wichita, USA.
Erstflug:	22.12.1993 / **Preis** ~ 8,5 Mio. US-$ / **Prod. Maschinen** 50
Photo:	(Raytheon/Beech): T-6A Texan II

Daten der T6A

Spannweite 10,12 m, Länge 10,18 m, Höhe 3,26 m, Flügelfläche 16,28 m².
Leermasse 2100 kg, Startmasse 2858 kg, Treibstoff 625 l.
Höchstgeschwindigkeit 600 km/h, Landegeschwindigkeit 140 km/h, Dienstgipfelhöhe 11 000 m, max. Steigleistung 21 m/s, Startrollstrecke 400 m, Überführungsreichweite 1550 km, Einsatzdauer 3 Stunden, Treibstoffverbrauch 285 l/h.

ROCKWELL B-1B LANCER   USA

Die *B-1B Lancer* gehört heute zu den drei strategischen Langstreckenbombertypen der USA , neben der *B-2A* und der *B-52H*, und sie zählt zu den nuklearen Abschreckungswaffen dieser Supermacht. Mit der Flugerprobung der *B-1A* wurde im Dezember 1974 begonnen, sie war als Ersatzmuster für die *B-52* gedacht und geplant war die Beschaffung von 250 Maschinen. Ausgestattet mit einer variablen Flügelgeometrie, war das Muster für Einsätze in großen Höhen mit einer hohen Geschwindigkeiten von Mach 2,2 vorgesehen. Durch eine geänderte Verteidigungsstrategie in den 80er Jahren wurde das Konzept der *B-1A* unter der Typenbezeichnung *B-1B* geändert, in einen Bomber mit guten Tiefflugeigenschaften, einer Höchsgeschwindigkeit von Mach 1,2 und rund 40 000 kg mehr Startmasse gegenüber der ursprünglichen *B-1A*. In der Amtszeit von Präsident Reagan wurden 1981 total 100 *B-1B* zum Gesamtpreis von rund 30 Milliarden US-$ bei dem Hersteller Rockwell International bestellt. Mit der Flugerprobung der *B-1B* wurde im Herbst 1984 begonnen und am 27 Juli 1986 übergab man auf der Offutt AFB die erste *B-1B* an die US Air Force. Dank ihres schlanken Profils hat die *B-1B* nur etwa 25% Radarrückstrahlung gegenüber der alten *B-52H*, ihre Steuerung besitzt aber noch kein Fly-by-Wire-System. Die Kampfkraft des Musters ist enorm, es kann in drei Bombenschächten acht Cruise Missiles (Lenkwaffen) mit nuklearem Gefechtskopf von je 200 kt Sprengkraft befördern oder 38 nukleare Bomben des Typs *B83* mit je zwei mt Sprengkraft. Ab 1995 wird die *B-1B* mit 14 externen Waffenstationen ausgerüstet um die Kampfkraft bei konventionellen Bombeneinsätzen zu erhöhen, es können dann 84 Bomben des Typs *Mk.82* mit je 227 kg befördert werden (19068 kg). Ferner wird das Muster laufend mit der aktuellsten Elektronik ausgerüstet. Nach der Übernahme von Rockwell (ehemals North American) durch Boeing, wird die *B-1B* seit 1998 von der Boeing Military Aircraft technisch betreut.

Kategorie:	Bomber für Langstrecken, Crew 4.
Bewaffnung:	Lenkwaffen oder Bomben bis zu einer Gesamtmasse von 34 000 kg, in 3 Waffenschächten und 14 ext. Rumpfstationen
Antrieb:	Vier Mantelstromtriebwerke General Electric F101-GE-102 mit je 65 kN ohne und je 136,6 kN mit Nachbrenner.
Hersteller:	Rockwell International, Werk Palmdale, USA.
Erstflug:	18.10.1984 / **Preis** ~ 300 Mio. US-$ / **Prod. Maschinen** 100
Photo:	(US Air Force): B-1B

Daten der B1-B

Spannweite 23,84/41,67 m, Länge 44,81 m, Höhe 10, 35 m, Flügelfläche 181,15 m². Leermasse 86 000 kg, Startmasse 176 450 kg, mit Überlast 216 367 kg, Treibstoff 110 500 l.
Höchstgeschwindigkeit 1400 km/h (Mach 1,2), Landegeschwind. 250 km/h, Dienstgipfelhöhe 18 000 m, max. Steigleistung 80 m/s, Startrollstrecke 1400 m, Überführungsreichweite 10 500 km, Einsatzradius mit 10 000 kg Waffen 4500 km, Treibstoffverbrauch 9500 l/h.

SAAB 37 VIGGEN   Schweden

Das Mehrzweckkampfflugzeug *Saab 37 Viggen* kam im Sommer 1971 bei der schwedischen Luftwaffe in den aktiven Dienst und es ist heute mit rund 300 Maschinen immer noch das wichtigste Kampfflugzeug von Schweden. Die *Viggen* entstand als verstärktes Nachfolgemuster für die *Saab 35* Draken und sie zählt mit 22 000 kg Startmasse zu den schwersten Militärflugzeugen unter den einmotorigen Mustern. Auffallend ist die unkonventionelle Bauweise des Musters mit einer doppelten, deltaförmigen Flügelkonfiguration und es hat als einziges Flugzeug dieser Kategorie eine Schubumkehr für das Triebwerk, die sowohl für die Abkürzung der Landestrecke dient als auch für das rückwärtige Einparken auf Behelfslandeplätzen. Als Antrieb der *Viggen* dient eine modifizierte Variante des zivilen Mantelstromtriebwerkes Pratt & Whitney JT8D, das ferner mit einem Nachbrenner ausgerüstet ist. Das Radar sowie der größte Teil der Avionik stammen von der schwedischen Industrie. Die Bordkanone unter dem Rumpf ist ein Produkt der schweizer Firma Oerlikon, sie hat ein Kaliber von 30 mm, eine Rate von 22 Schuß je Sekunde und das Magazin fast 150 Granaten. Bomben, Lenkwaffen oder zusätzliche Treibstofftanks werden an vier externen Flügel- und zwei Rumpfstationen befördert. Zwischen 1971 bis 1990 lieferte Saab 329 *Viggens* an die schwedische Luftwaffe, es gab keine Exportkunden. Der Abfangjäger *JA37* war mit 150 gebauten Exemplaren die am meisten gebaute Variante, gefolgt von 110 *AJ37* als Jagdbomber, 18 *SK37* als zweisitzige Trainer und zusammen 51 Exemplare von dem bewaffneten Aufklärer *SF37* sowie der ECM-Variante *SH37*. Die *JA37* wurden durch ein Mid-Life Update seit 1996 aufgewertet, sie erhielten das leistungsfähigere Radar Ericsson *PS-46A* und ein neues Waffenleitsystem für die fortschrittliche Luft-Luft-Lenkwaffe AMRAAM. Die *SK37* übernehmen die kombinierte Rolle des Trainings sowie des ECM-Einsatzes und sie haben nach entsprechenden Modifizierungen die neue Typenbezeichnung *SK37E*.

Kategorie:	Abfangjäger und Mehrzweckkampfflugzeug, Crew 1 bis 2.
Bewaffnung:	Eine Bordkanone Kal. 30 mm und 6 Luft-Luft-Lenkwaffen oder andere Waffen bis 7000 kg an 6 externen Stationen.
Antrieb:	Ein Mantelstromtriebwerk Volvo RM8B mit 71,6 kN ohne und 126 kN mit Nachbrenner.
Hersteller:	Saab Military Aircraft, Werk Linköping, Schweden.
Erstflug:	08.02.1967 / **Preis** ~ 50 Mio. US-$ / **Prod. Maschinen** 329
Photo:	(Saab): JA37 der Luftwaffe Schwedens

Daten der JA37

Spannweite 10,60 m, Länge 16,40 m, Höhe 5,85 m, Flügelfläche 52,50 m². Leermasse 12 500 kg, Startmasse 20 000 kg, mit Überlast 22 000 kg, Treibstoff intern 5600 l, extern 1000 l. Höchstgeschwindigkeit 2250 km/h (Mach 2,1), Landegeschwind. 240 km/h, Dienstgipfelhöhe 18 000 m, max. Steigleistung 280 m/s, Startrollstrecke 400 m, Überführungsreichweite 2000 km, Einsatzradius mit 3000 kg Waffen 500 km, Treibstoffverbrauch 2000 l/h.

Das schwedische Mehrzweckkampfflugzeug *Saab Gripen* (Greif), repräsentiert die 4. Generation dieser Flugzeugkategorie und sie kam im Sommer 1993 bei der schwedischen Luftwaffe in den aktiven Dienst. Mit einer Startmasse zwischen 10 700 bis 14 000 kg, je nach Einsatzmission, zählt der Gripen zur unteren Gewichtsklasse der neuen High-Tec-Fighter. Der *Gripen* entstand als ein gemeinsames Entwicklungsprogramm der schwedischen Luftfahrtindustrie nach den Anforderungen der schwedischen Luftstreitkräfte für ein Kampfflugzeug, das die drei Hauptmissionen Luftkampf, Erdkampf und Aufklärung als ein Muster durchführen kann. Die schwedischen Initialen *JAS* bedeuten diese drei Hauptaufgaben. Dank ihrer aktuellsten Technologie, der niedrigen Masse und der Vielseitigkeit ist der Gripen effektiver und kostengünstiger einsetzbar, als die schwere *Viggen.* Die Kombination Delta- und Canardflügel mit einem elektronischen Steuersystem, verleihen der *Gripen* ausgezeichnete Werte bei der Wendigkeit in allen Geschwindigkeitsbereichen. Bei der rechnerunterstützten Avionik legte man Wert auf Flexibilität und auf eine spätere Ausbaufähigkeit der Hard- und Software. Trotz der niedrigen Masse hat das Muster eine erstaunliche Bewaffnung mit bis zu acht Luft-Luft-Lenkwaffen und einer Bordkanone des deutschen Fabrikats Mauser *Bk27* mit dem Kaliber 27 mm. Aus Deutschland stammt auch die gesamte Hydraulikanlage. Für den Antrieb verwendet man das Triebwerk General Electric F404, das von Volvo unter der Bezeichnung *RM12* in Lizenz hergestellt wird. Die Luftwaffe Schwedens will bis 2007 insgesamt 204 *Gripen* beschaffen, abhängig vom Wehretat, um die Flotte der *J35 Draken* zu ersetzen. Als erster Exportkunde wird die Luftwaffe Südafrikas ab 2006 neun *Gripen* erhalten, und zwar die zweisitzige Ausführung *JAS 39B.* British Aerospace wurde 1996 mit 35% Partner an dem Gripen-Programm und ist für den Bau des Flügels sowie für das internationale Marketing verantwortlich.

Kategorie:	Abfangjäger und Mehrzweckkampfflugzeug, Crew 1.
Bewaffnung:	Eine Bordkanone Kal. 27 mm und 8 Luft-Luft-Lenkwaffen oder andere Waffen an 6 Flügel- und 2 Rumpfstat. (4500 kg).
Antrieb:	Ein Mantelstromtriebwerk RM12 mit 54 kN ohne und 80,5 kN mit Nachbrenner.
Hersteller:	Saab Military Aircraft, Werk Linköping, Schweden.
Erstflug:	09.12.1988 / **Preis** ~ 50 Mio. US-$ / **Prod. Maschinen** 150
Photo:	(Saab): Gripen der schwedischen Luftwaffe

Daten der JAS 39

Spannweite 8,40 m, Länge 14,10 m, Höhe 4,50 m, Flügelfläche 25,00 m². Leermasse 6600 kg, Startmasse 10 700 kg, mit Überlast 14 000 kg, Treibstoff intern 3800 l, extern 2275 l.
Höchstgeschwindigkeit 2200 km/h (Mach 2,0), Landegeschwind. 280 km/h, Dienstgipfelhöhe 17 000 m, max. Steigleistung 290 m/s, Startrollstrecke 400 m, Überführungsreichweite 3300 km, Einsatzradius mit 2500 kg Waffen 1000 km, Treibstoffverbrauch 1300 l/h.

SEPECAT JAGUAR   International

Das Erdkampfflugzeug *Sepecat Jaguar* zählt heute schon zur älteren Generation, aber Dank seiner vielseitigen Verwendbarkeit und der guten Flugleistungen wird das Muster noch etwa zehn weitere Jahre im Dienst bleiben. Das Muster entstand vor rund 35 Jahren als anglo-französisches Gemeinschaftsprojekt, auf britischer Seite waren die Firmen British Aerospace sowie der Triebwerkhersteller Rolls-Royce beteiligt, und auf französischer Seite Dassault-Breguet sowie Turbomeca.

Der *Jaguar* ist ein tieffluggeeignetes Erdkampfflugzeug zur taktischen Unterstützung der Bodentruppen und es wird zusätzlich auch als Jagd- und Aufklärungsflugzeug verwendet. Seine Standardbewaffnung sind zwei Bordkanonen der Marke *Aden* mit dem Kaliber 30 mm, und an 5 externen Waffenstationen können bis zu 4760 kg mitgeführt werden. Interessant ist die Befestigung von zwei Luft-Luft-Lenkwaffen über dem Flügel.

Ab 1973 beschafften die Luftstreitkräfte Frankreichs sowie Großbritanniens jeweils 200 *Jaguars*. Daneben wurde das Muster an folgende Länder exportiert: Equador (12), Indien (40), Nigeria (18) und Oman (2). Der Oman kaufte später 20 weitere Maschinen aus zweiter Hand. Von der Firma Hindustan in Indien wurden bis 1999 rund 50 *Jaguars* für die einheimische Luftwaffe in Lizenz hergestellt und weitere 17 Maschinen sind für das Jahr 2000 bestellt.

Neben der einsitzigen Version, steht eine um 1,3 m verlängerte, zweisitzige Variante im Einsatz, bei der Royal Air Force trägt sie die Typenbezeichnungen *GR.Mk.1* und *T.Mk.2.*

Die RAF lässt gegenwärtig ihre *Jaguars* modernisieren, sie erhalten u. A. die leistungsfähigeren Triebwerke Adour Mk.106 und ein ähnliches Update erhalten auch die 19 verbliebenen Maschinen von Oman. Nach den aktuellen Plänen will die RAF den *Jaguar* bis zum Jahr 2008 im Dienst behalten.

Kategorie:	Erdkampfflugzeug, Crew 1.
Bewaffnung:	Zwei Bordkanonen Kal. 30 mm und an 5 externen Stationen Lenkwaffen oder Bomben bis 4760 kg.
Antrieb:	Zwei Strahltriebwerke Rolls-Royce/Turbomeca Adour 106 mit je 25,5 kN ohne und je 38,5 kN mit Nachbrenner.
Hersteller:	Sepecat, Frankreich und Großbritannien.
Erstflug:	08.09.1968 / **Preis** ~ 35 Mio. US-$ / **Prod. Maschinen** 520
Photo:	(Sirpa Air): Jaguar A der französischen Luftwaffe.

Daten des Jaguar

Spannweite 8,70 m, Länge 15,53 m, Höhe 4,88 m, Flügelfläche 24,20 m².
Leermasse 7750 kg, Startmasse 12 700 kg, mit Überlast 15 700 kg,
Treibstoff intern 4200 l, extern 3800 l.
Höchstgeschwindigkeit 1700 km/h (Mach 1,5), Landegeschwind. 210 km/h,
Dienstgipfelhöhe 14 000 m, max. Steigleistung 200 m/s, Startrollstrecke
750 m, Überführungsreichweite 3300 km, Einsatzradius mit 3000 kg Waffen
900 km, Treibstoffverbrauch 200 l/h.

Die Luftfahrtindustrie der VR China benutzte bei der Entwicklung von eigenen Militärflugzeugen mehrheitlich russische Technologie, die oft ohne Lizenzabkommen kopiert wurde und die man nach den Möglichkeiten der einheimischen Industrie weiterentwickelte. Von dieser Praxis hat man in jüngster Zeit Abstand genommen und es werden Lizenzabkommen angestrebt, unter Anderem auch für den russischen Abfangjäger *Suchoi Su-27*.

Eine weitgehend eigenständige Entwicklung der chinesischen Luftfahrtindustrie ist der große Abfangjäger *Shenjang F-8*, der 1973 in den Dienst gestellt wurde. Das Layout der *F-8* erinnert stark an Konstruktionsmerkmale aus dem russischen Konstruktionsbüro Mikojan, siehe die Form des Deltaflügels und des Fahrwerks, und die beiden Triebwerke stammen von der *Mig-21*.

Nach dem Bau von rund 100 bis 150 Maschinen der Basisausführung *F-8*, entstand Mitte der 80er Jahre die modifizierte Variante *F-8 II*, bei der man den Einlaß für die beiden Triebwerke an die Rumpfseiten verlegte, um am Rumpfbug Platz für ein Radar zu bekommen. Ferner bekam diese Variante eine neuere Elektronik, schubstärkere Triebwerke und rund 3000 kg mehr Startmasse. Im Jahr 1990 bemühte man sich um die Ausrüstung der *F-8 II* mit dem amerikanischen Radar Westinghouse *APG-66* und einem fortschrittlichen HUD, doch wegen der Menschenrechtsproblematik kam es zu keinem Abkommen über die Lieferung dieser westlichen Ausrüstung. Von der *F-8 II* sind rund 50 Maschinen hergestellt worden.

Ab Mitte der 90er Jahre ist auf verschiedenen Luftfahrtmessen die weiter aufgewertete Variante *F-8 IIM* vorgestellt worden. Sie besitzt erstmals eine effektive Elektronik und eine teilweise modernisierte Innenausrüstung, die von den neueren russischen Jägern *Mig-29* sowie der *Su-27* abstammt. Ob von dieser Variante neue Maschinen gebaut wurden, oder ob ältere Maschinen auf den Standard der *F-8 IIM* nachgerüstet wurden ist unbekannt.

Kategorie:	Abfangjäger, Crew 1.
Bewaffnung:	Eine Bordkanone Kaliber 23 mm mit 200 Schuß Vorrat und an 7 externen Stationen max. 3500 kg diverse Lenkwaffen.
Antrieb:	Zwei Strahltriebwerke Wopen WP-13B mit je 43 kN ohne und je 66 kN mit Nachbrenner.
Hersteller:	SAC, Werk Shenjang, VR China.
Erstflug:	~ 1970 / **Preis** k. A. / **Prod. Maschinen** ~ 150 bis 200
Photo:	(S. Zacharias): Eine F-8 IIM.

Daten der F-8 IIM

Spannweite 9,35 m, Länge 21,45 m, Höhe 5,45 m, Flügelfläche 42,25 m.²
Leermasse 10 000 kg, Startmasse 17 500 kg, mit Überlast 19 000 kg,
Treibstoff intern 5500 l, extern 1500 l.
Höchstgeschwindigkeit 2400 km/h (Mach 2,2); Landegeschwind. 270 km/h,
Dienstgipfelhöhe 18 500 m, max. Steigleistung 280 m/s, Startrollstrecke
700 m, Überführungsreichweite 2000 km, Einsatzradius mit 1500 kg Waffen
800 km, Treibstoffverbrauch 2500 l/h.

Mit der Baureihe *S-61* entwickelte Sikorsky aus den USA Ende der 50er Jahre einen der erfolgreichsten Hubschrauber in der mittleren Gewichtsklasse, von dem bis Mitte der 80er Jahre rund 1000 Maschinen gebaut wurden. Das Muster steht heute noch weltweit im Dienst und auch Präsident Clinton nutzt es für seine Dienstreisen vom Weißen Haus zu der Andrews Air Force Base. Besonders bekannt wurde der *Sea King* auf der ganzen Welt als Such- und Rettungshubschrauber über See, Tausende von Schiffbrüchigen verdanken diesem Hubschrauber ihr Leben, darunter auch in der Nord- und Ostsee. Neben den Landvarianten des *S-61*, wurde die Marinevariante *Sea King* am meisten produziert. Die Basisversion *SH-3A* begann im Herbst 1961 den Einsatz bei der US Navy als Hubschrauber zur U-Bootbekämpfung (ASW) und innerhalb von rund 15 Jahren lieferte Sikorsky von allen Varianten des *S-61* etwa 500 Maschinen an die verschiedenen Bereiche der US-Streitkräfte. Darunter befanden sich auch die VIP-Varianten *VH-3A* (8) und *VH-3D* (11) für den Kommandostab und für die Dienste des Weißen Hauses in Washington, die 11 *VH-3D* werden noch weitere Jahre im Einsatz bleiben. Gegenwärtig steht der *Sea King* bei der US Navy und der US Coast Guard nur noch als Rettungshubschrauber im Einsatz. Von Agusta in Italien wurden rund 200 *Sea Kings* in Lizenz für den Inlandbedarf sowie den Export hergestellt, Mitsubishi in Japan baute 184 Maschinen für die einheimischen Streitkräfte und von Westland aus Großbritannien wurden zwischen 1967 bis 1985 rund 250 Maschinen gebaut. Aus der Produktion von Westland gingen rund 100 Maschinen an die britischen Streitkräfte als Marine- und Armeehubschrauber und der Rest waren Exportaufträge, darunter auch von der Bundesmarine über 22 Maschinen mit der Typenbezeichnung *Sea King Mk.22*. Westland führt gegenwärtig für einige Kunden des *Sea Kings* Modernisierungsprogramme durch, darunter für die fünf Maschinen *Mk.48* der belgischen Streitkräfte.

Kategorie:	Mittelschwerer Mehrzweckhubschrauber, Crew 2 bis 3.
Bewaffnung:	Heute nicht mehr eingebaut.
Nutzmasse:	28 Soldaten oder 2700 kg Fracht oder 3400 kg am Lasthaken
Antrieb:	(Westland Mk.4) Zwei Turbinen Rolls-Royce-Gnome H1400 mit je 1225 kW Startleistung.
Hersteller:	Sikorsky Aircraft, Werk Stratford, USA und Lizenznehmer.
Erstflug:	11.03.1959 / **Preis** ~ 10 Mio. US-$ / **Prod. Maschin.** ~ 1000
Photo:	(Westland): Ein Sea King Mk.48 der belgischen Streitkräfte

Daten des Westland Mk. 4

Durchmesser des Hauptrotors 18,90 m, des Heckrotors 3,23 m, Rumpflänge 16,70 m, Höhe 4,72 m. Leermasse 5700 kg, Startmasse 9700 kg, Treibstoff 3180 l.

Höchstgeschwindigkeit 260 km/h, Dienstgipfelhöhe 4450 m, Schwebehöhe mit Bodeneffekt 3200 m, ohne Bodeneffekt 2500 m, max. Steigleistung 9 m/s, Überführungsreichweite 1200 km, Reichweite mit 2000 kg Nutzmasse 700 km, Treibstoffverbrauch 690 l/h.

SIKORSKY S-65/CH-53 Sea Stallion   USA

Der schwere Mehrzweckhubschrauber *Sikorsky CH-53* wird mehrheitlich von dem US Marine Corps eingesetzt und er ist gleichzeitig der größte Hubschrauber der US-Streitkräfte. Seine Entwicklung begann vor rund 35 Jahren unter der Typenbezeichnung *Sikorsky S-65* als Nachfolgemodell des *CH-37 Mojave*. Die Basisversion *CH-53A* kam im Mai 1966 bei den US Marines in den aktiven Dienst und es wurden 139 Maschinen erworben.

Von der verstärkten Version *CH-53D* kauften die Marines 126 Maschinen, sie hat gegenüber dem *CH-53A* stärkere Turbinen und eine höhere Startmasse. Für das Aufspüren und Vernichten von Seeminen erwarben die Marines 30 Maschinen von der Sonderversion *RH-53D*, sie sind mit einem elektronischen Wasserschlitten ausgerüstet, der in sicherer Entfernung hinter dem Hubschrauber über die Wasseroberfläche gezogen wird und durch seine Ausstattung Minen zur Explosion bringt. Die US Air Force kaufte für Transporteinsätze 20 *CH-53C* und für lange Such- und Rettungseinsätze die Versionen *HH-53B* sowie *HH-53C*. Ferner kaufte die USAF zusammen etwa 50 Maschinen von den Varianten *HH-53H* und *MH-53J* für spezielle Einsatzmissionen, wie z. B. das Absetzen von geheimen Kampfgruppen oder für elektronische Störeinsätze (ECM). Beide Versionen haben für diese Missionen eine umfangreiche Aufklärungs- und Flugelektronik an Bord, ferner eine GPS-Navigation und sie können bei Bedarf mit drei MGs bewaffnet werden. Für die Bundeswehr in Deutschland baute das damalige Werk VFW in Speyer 110 *CH-53G* in Lizenz. Der *CH-53G* entspricht der amerikanischen Version *CH-53D* und zum Jahr 2000 sind 107 Maschinen im Einsatz geblieben. Gegenwärtig werden alle *CH-53G* sukzessiv durch ein Modernisierungsprogramm nachgerüstet, für eine geplante Einsatzdauer bis zum Jahr 2030. Der *CH-53G* kann entweder 38 Soldaten oder 22 Verwundete oder 3630 kg Fracht in der Kabine transportieren, extern am Lasthaken bis zu 5900 kg.

Kategorie:	Schwerer Mehrzweckhubschrauber, Crew 4.
Bewaffnung:	Als Option drei MGs Kaliber 7,62 mm oder 12,7 mm.
Nutzmasse:	38 Soldaten oder 3630 kg Fracht oder 5900 kg am Lasthaken
Antrieb:	(CH-53G): Zwei Turbinen General Electric T64-GE-413 mit je 2927 kW Startleistung.
Hersteller:	Sikorsky Aircraft, Werk Stratford, USA.
Erstflug:	14.10.1964 / **Preis** ~ 25 Mio. US-$ / **Prod. Maschinen** ~ 550
Photo:	(BMVg/Grenzmeier): CH-53G der Bundeswehr

Daten des CH-53D

Durchmesser des Hauptrotors 22,02 m, des Heckrotors 4,88 m, Rumpflänge 20,45 m, Höhe 8,25 m. Leermasse 10 650 kg, Startmasse 16 510 kg, mit Überlast 19 050 kg, Treibstoff intern 2385 l, extern 3785 l.
Höchstgeschwindigkeit 315 km/h, Dienstgipfelhöhe 6400 m, Schwebehöhe mit Bodeneffekt 4050 m, ohne Bodeneffekt 2000 m, max. Steigleistung 10 m/s, Überführungsreichweite 900 km, Reichweite mit 3000 kg Nutzmasse 600 km, Treibstoffverbrauch 1400 l/h.

SIKORSKY S-80/CH-53E Super Stallion   USA

Unter der Typenbezeichnung *S-80* entwickelte Sikorsky Anfang der 70er Jahre eine dreimotorige Ausführung aus der zweimotorigen Baureihe *S-65*. Der *S-80* unterscheidet sich neben den drei Triebwerken von dem *S-65* durch einen Hauptrotor mit sieben Blättern, an Stelle von ursprünglich sechs, sowie einem größeren Durchmesser, ferner durch einen verlängerten Rumpf mit Platz für 55 Infanteristen, der Heckrotorträger bekam eine Neigung um 20° nach Backbord und die Zellenstruktur wurde verstärkt für die Startmasse bis über 30 000 kg.

Zum platzsparenden Verstauen auf Schiffen lassen sich die Rotorblätter nach hinten zusammenfalten und das Rumpfheck mit dem Heckrotor ist in eine nach vorne geneigte Position klappbar. Eine Sonde für die Betankung im Fluge gibt dem Muster einen hohen Einsatzradius.

Für das US Marine Corps und die US Navy entstand die Variante *CH-53E Super Stallion* als Transporthubschrauber. Der *CH-53E* begann im März 1974 mit der Flugerprobung, er kam im Sommer 1980 in den aktiven Dienst und es wurden 182 Maschinen ausgeliefert.

Auf Distanzen bis 115 km kann das Muster eine Nutzmasse von 14 500 kg befördern, seine Kabine ist 9,1 m lang, 2,3 m breit und 2,0 m hoch. Bei Evakuirungsflügen im Katastropheneinsatz waren bis zu 83 Personen an Bord. Zur Standardausrüstung gehören die beiden abnehmbaren Zusatztanks mit jeweils 2460 l Kapazität.

Für den Einsatz als Minenjäger entstand für die US Navy die Variante *MH-53E Sea Dragon*, erkennbar an den mächtigen Tanks seitlich des Rumpfes, die dem Muster eine interne Tankkapazität von 12 100 l verleihen, verbunden mit einer Reichweite von rund 2000 km. Die *Sea Dragon* kam 1985 in den aktiven Dienst und die US Navy erwarb 50 Maschinen. Weitere 12 Maschinen kaufte die Marine von Japan. Die Produktion der Baureihe *S-80* geht in kleinen Stückzahlen weiter.

Kategorie:	Schwerer Mehrzweckhubschrauber, Crew 3 bis 4.
Bewaffnung:	Keine
Nutzmasse:	55 Soldaten oder 14 512 kg Fracht intern oder 16 330 kg ext.
Antrieb:	Drei Turbinen General Electric T64-GE-416 mit je 3269 kW Startleistung.
Hersteller:	Sikorsky Aircraft, Werk Startford, USA.
Erstflug:	03.03.1974 / **Preis** ~ 35 Mio. US-$ / **Prod. Maschinen** 245
Photo:	(Sikorsky): MH-53E Sea Dragon der US Navy

Daten des CH-53E

Durchmesser des Hauptrotors 24,09 m, des Heckrotors 5,26 m, Rumpflänge 22,41 m, Höhe 8,25 m. Leermasse 15 170 kg, Startmasse 31 630 kg, mit Überlast 33 340 kg, Treibstoff intern 3850 l, extern 4920 l.
Höchstgeschwindigkeit 315 km/h, Dienstgipfelhöhe 5650 m, Schwebehöhe mit Bodeneffekt 3500 m, ohne Bodeneffekt 2850 m, max. Steigleistung 11 m/s, Überführungsreichweite 1500 km, Reichweite mit 7000 kg Nutzmasse 1000 km, Treibstoffverbrauch 1650 l/h.

SIKORSKY S-70/H-60 HAWK   USA

Mit dem Muster *S-70 Hawk* gewann Sikorsky im Dezember 1972 den Wettbewerb für den zukünftigen Mehrzweckhubschrauber zum Einsatz bei allen Teilstreitkräften der USA. Für den Einsatz bei den Streitkräften trägt das Muster die Grundbezeichnung *H-60* und mit rund 10 000 kg Startmasse zählt es zu den mittelschweren Hubschraubern. Die Basisversion *UH-60A Black Hawk* kam ab Herbst 1978 bei der US Army zum Einsatz, sie hat eine Startmasse von 9979 kg, die Kabine bietet Platz für 11 Soldaten und der Antrieb besteht aus zwei Turbinen General Electric T700-GE-700 mit je 1151 kW Startleistung. Es folgte die verstärkte Version *UH-60L* mit stärkeren Turbinen mit je 1445 kW Startleistung und 10 433 kg Startmasse.

Bis zum Jahr 2000 erwarb die US Army rund 1200 *Black Hawks*, die mehrheitlich als Transporthubschrauber eingesetzt werden, einige davon haben eine leichte Bewaffnung mit 7,62 mm oder 12,7 mm MGs. Bei der US Navy kamen ab 1982 die Versionen *SH-60B Black Hawk* und *SH-60F Ocean Hawk* zum Einsatz, sie werden als bordgestützte U-Bootjäger eingesetzt. Beide Versionen sind mit einer umfangreichen Aufklärungs- und Kampfelektronik ausgerüstet und die Bewaffnung besteht aus drei Torpedos oder aus Tiefenbomben bis max. 2200 kg. Für die US Coast Guard entstand die Version *HH-60J Jayhawk*, sie ist für den Such- und Rettungsdienst auf See optimiert. Weiter erwarb die US Navy ab 1997 den reinen Transporthubschrauber *CH-60S* mit 3600 kg Nutzmasse.

Insgesamt sind bei den US-Seestreitkräften rund 450 H-60-Versionen im Dienst. Die US Air Force setzt die Versionen *MH-60G Pave Hawk* als Kampfhubschrauber ein sowie den reinen SAR-Hubschrauber *HH-60G*. Die Kampfversionen *MH-60G* sowie *MH-60L* haben seitlich des Rumpfes Waffenträger für max. 16 Panzerabwehrlenkwaffen oder Raketenwerfer oder MGs. Der vielseitige Hubschrauber wurde auch an eine Reihe von Ländern exportiert.

Kategorie: Mittelschwerer Mehrzweckhubschrauber, Crew 2.
Bewaffnung: Je nach Version Lenkwaffen oder MGs.
Nutzmasse: 14 Soldaten oder bis 3629 kg Fracht am Lasthaken.
Antrieb: (UH-60L): zwei Turbinen General Electric T700-GE-701C mit je 1385 kW Startleistung.
Hersteller: Sikorsky Aircraft, Werk Stratford, USA.
Erstflug: 17.10.1974 / **Preis** ~ 11 Mio. US-$ / **Prod. Maschin.** ~ 2200
Photo: (Sikorsky): Ein SH-60 Sea Hawk der thailändischen Marine.

Daten des UH-60L

Durchmesser des Hauptrotors 16,36 m, des Heckrotors 3,35 m, Rumpflänge 15,25 m, Höhe 5,18 m. Leermasse 6000 kg, Startmasse 9979 kg, mit Überlast 11 113 kg, Treibstoff intern 1805 l, extern 1745 l.
Höchstgeschwindigkeit 270 km/h, Dienstgipfelhöhe 5700 m, Schwebehöhe mit Bodeneffekt 4330 m, ohne Bodeneffekt 3300 m, max. Steigleistung 3,6 m/s, Überführungsreichweite 1400 km, Reichweite mit 1500 kg Nutzmasse 750 km, Treibstoffverbrauch 550 l/h.

In der rund 80-jährigen Firmengeschichte von Sikorsky Aircraft werden seit etwa 55 Jahren Hubschrauber produziert. Das Unternehmen beschäftigt heute in den beiden Hauptwerken Bridgeport und Stratford im Bundesstaat Connecticut rund 13 000 Mitarbeiter.

Das neueste Produkt von Sikorsky ist die gegenwärtig in der Testphase befindliche Baureihe S-92A, die im Juni 1995 auf dem Aerosalon in Paris erstmals in Modellform vorgestellt wurde. Der S-92A entspricht gewichtsmäßig weitgehend der Baureihe S-70, er bietet aber mit seinem größeren Rumpfquerschnitt etwa das doppelte Transportvolumen. Die Kabine des S-92A ist 2,0 m breit, 1,83 m hoch und 5,67 m breit, sie bietet Platz für 22 Passagiere oder bis zu 3000 kg Fracht. Am externen Lasthaken können bis 4500 kg Nutzmasse auf kurzen Distanzen befördert werden. Eine große Ladeluke im Rumpfheck erleichtert zusammen mit einer bordeigenen Laderampe die Be- und Entladung.

An dem Projekt S-92A sind fünf internationale Partnerfimen mit einem Gesamtanteil von 27 % beteiligt, darunter Embraer aus Brasilien, Mitsubishi Heavy Industries aus Japan und Gamesa aus Spanien. Für die Testphase fertigte man fünf Hubschrauber und Ende des Jahres 2000 soll der S-92A serienreif sein.

Neben den Zivilversionen S-92C bzw. S-92IU, bietet man diesen Mehrzweckhubschrauber auch den Streitkräften an, hier besonders für die Einsatzrolle als Transporthubschrauber. Sikorsky schätzt den weltweiten Bedarf des Musters auf rund 700 Einheiten, davon rund 75 % für den militärischen Bedarf.

Bis zum Anfang des Jahres 2000 machte Sikorsky keine Angaben über die Anzahl der bestellten Maschinen von der Baureihe S-92A. Sikorsky Aircraft ist seit dem Jahr 1929 eine Tochtergesellschaft des US-Konzerns United Technologies.

Kategorie:	Mittelschwerer Mehrzweckhubschrauber, Crew 2.
Bewaffnung:	Ist nicht vorgesehen.
Nutzmasse:	22 Soldaten oder 3000 kg Fracht intern oder 4536 kg extern.
Antrieb:	Zwei Turbinen General Electric CT7-8 mit je 1864 kW Startleistung.
Hersteller:	Sikorsky Aircraft, Werk Stratford, USA.
Erstflug:	23.12.1998 / **Preis** ~ 13,0 Mio. US-$ / **Prod. Maschinen** 5
Photo:	(Sikorsky): Prototyp S-92A

Daten des S-92A

Durchmesser des Hauptrotors 17,17 m, des Heckrotors 3,35 m, Rumpflänge 18,00 m, Höhe 6,40 m. Leermasse 7000 kg, Startmasse 11 430 kg, mit Überlast 12 018 kg, Treibstoff 2400 l.

Höchstgeschwindigkeit 290 km/h, Dienstgipfelhöhe 4800 m, Schwebehöhe mit Bodeneffekt 3500 m, ohne Bodeneffekt 2225 m, max. Steigleistung 5 m/s, Überführungsreichweite 1000 km, Reichweite mit 2500 kg Nutzmasse 650 km, Treibstoffverbrauch 600 l/h.

Der schwere Abfangjäger und Bomber *Suchoi Su-24* entstand Ende der 60er Jahre als sowjetisches Gegenmuster zur amerikanischen *F-111* von *General Dynamics*. Beide Muster haben eine verstellbare Flügelgeometrie für optimale Flugleistungen in geringen als auch in großen Flughöhen, eine Spitzengeschwindigkeit von über Mach 2,2 und einen beachtlichen Einsatzradius.

Die Einsatzrollen der *Su-24* sind die Abfangjagd auf langen Strecken und der konventionelle sowie nukleare Bombenangriff. In der Einsatzrolle als Bomber nutzt die *Su-24* in der Nähe des Angriffsziels ihre guten Tiefflugeigenschaften, um vor dem gegnerischen Radar verborgen zu bleiben. Für diese Angriffsart besitzt das Muster eine umfangreiche Elektronik zur Geländeverfolgung sowie zur präzisen Navigation. Die Crew besteht aus dem Piloten und dem neben ihm sitzenden Waffenoffizier.

Acht externe Waffenstationen unter dem Flügel und dem Rumpf haben eine Tragfähigkeit von 10 000 kg, vier davon können für je zwei Zusatztanks mit 2000 l und 3000 l Kapazität (10 000 l) genutzt werden, um den Einsatzradius auf über 2000 km zu steigern. Einige Maschinen besitzen eine Sonde zur Luftbetankung.

Die *Su-24* kam im Jahr 1975 in den aktiven Dienst bei der ehemaligen sowjetischen Luftwaffe und bis 1990 wurden rund 750 Maschinen ausgeliefert. Das Muster bekam den NATO-Code *Fencer* und es war auch auf ausländischen Basen stationiert, darunter in der ehemaligen DDR, von wo es mit seinem Kampfradius den gesamten westeuropäischen Raum abdecken konnte.

Gegenwärtig besitzt die russische Luftwaffe rund 500 *Su-24*, etwa 200 weitere Maschinen kamen in den Besitz der Ukraine und 50 an Weißrussland. Weitere Betreiber des Musters sind die Streitkräfte des Iraks (25), Libyens (15) und Syriens (20).

Kategorie:	Schwerer Abfangjäger und Bomber, Crew 2.
Bewaffnung:	Eine Bordkanone Kal. 30 mm und an 8 externen Stationen Bomben und Lenkwaffen bis 10 000 kg.
Antrieb:	Zwei Strahltriebwerke Ljuka Al-21F-3A mit je 75 kN ohne und je 110 kN mit Nachbrenner.
Hersteller:	Konstruktionsbüro Suchoi, Russland.
Erstflug:	etwa 1969 / **Preis** k. A. / **Prod. Maschinen** ~ 850
Photo:	(Piotr Butowski): Su-24 der russischen Luftwaffe.

Daten der Su-24

Spannweite 10,35/17,65 m, Länge 24,50 m, Höhe 5,0 m, Flügelfl. 50,50 m^2.
Leermasse 19 500 kg, Startmasse 37 000 kg, mit Überlast 41 000 kg, Treibstoff intern 12 000 l, extern 10 000 l.
Höchstgeschwindigkeit 2400 km/h (Mach 2,2), Landegeschwind. 250 km/h, Dienstgipfelhöhe 17 500 m, max. Steigleistung 190 m/s, Startrollstrecke 1000 m, Überführungsreichweite 4000 km, Einsatzradius mit 5000 kg Waffen 1200 km, Treibstoffverbrauch 4000 l/h.

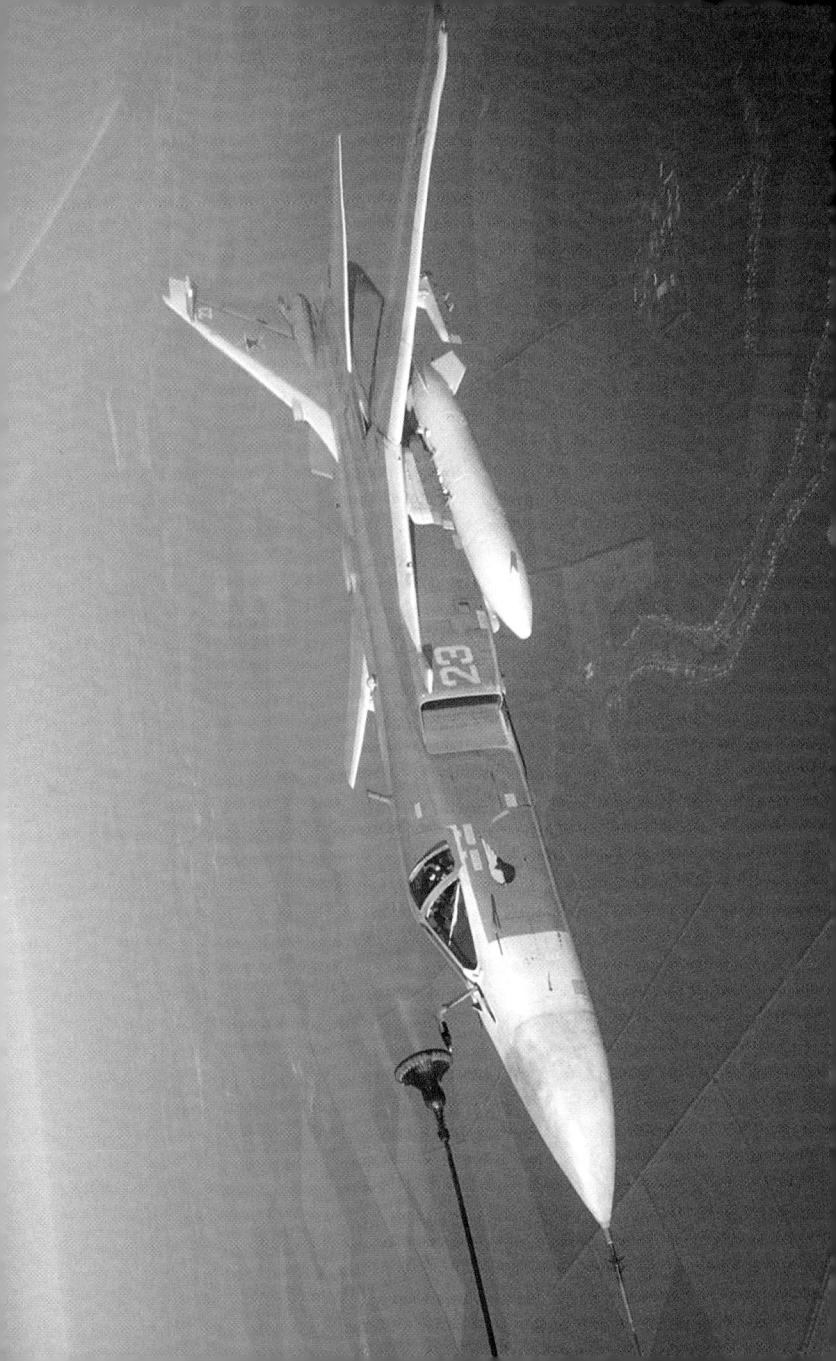

Das schwerbewaffnete, einsitzige Erdkampfflugzeug *Suchoi Su-25* kam im Jahr 1978 bei der Luftwaffe der ehemaligen Sowjetunion in den aktiven Einsatzt und es hat in der amerikanischen *A-10A Thunderbold II* das einzige Gegenmuster. Im Vergleich beider Muster ist die *A-10A* erheblich schwerer und stärkerer Bewaffnet, während die *Su-25* die höhere Geschwindigkeit besitzt.

Die *Su-25* hat ein konventionelles Layout, der ungepfeilte Flügel, hat eine negative V-Stellung und das Fahrwerk mit seinen relativ großen Rädern ist auch für Pisten mit Naturbelag geeignet. Die Waffenlast von max. 4350 kg wird an zehn externen Flügelstationen mitgeführt und seitlich im Rumpfbug befindet sich eine doppelläufige Bordkanone vom Kaliber 30 mm mit 250 Schuß Vorrat.

Beim Einsatz während des Guerillakrieges in Afghanistan zeigte sich, daß die *Su-25* gegen den Beschuß von Bodenwaffen zu schwach gepanzert war und sie erlitt dadurch empfindliche Verluste. Nach diesen Kampferfahrungen versah man das Muster mit einer verbesserten Panzerung der Cockpit und weiterer wichtiger Bauteile und ferner rüstete man es mit schubstärkeren Triebwerken aus.

Nach der Rückkehr aus Afghanistan wurden zahlreiche *Su-25* auf dem Luftwaffenstützpunkt Brandys in der DDR stationiert. Die sowjetischen Streitkräfte erhielten rund 250 *Su-25,* inklusive der zweisitzigen Trainerversion *Su-25UB.* Für den Export entwickelte man die Version *Su-25K,* von der die ehemalige Tschechoslowakei sowie Ungarn je 50 Maschinen erwarben, ferner kaufte der Irak 25 Maschinen, Nordkorea 20, Syrien 60 und Peru 18. Als neueste Version wird die *Su-25TM* angeboten, sie hat erstmals eine umfangreiche und moderne Radarausrüstung für den Allwettereinsatz sowie bei Tag und Nacht. Bis zur Gegenwart fand sich jedoch kein Kunde für diese Version.

Kategorie:	Erdkampfflugzeug, Crew 1.
Bewaffnung:	Doppelläufige Bordkanone Kal. 30 mm und diverse Waffen bis max. 4350 kg an 10 externen Flügelstationen.
Antrieb:	Zwei Mantelstromtriebwerke Tumansky R-195 mit je 44 kN Standschub, keine Nachbrenner.
Hersteller:	Konstruktionsbüro Suchoi, Werk Tbilisi, Russland.
Erstflug:	25.02.1975 / **Preis** ~ 10 Mio. US-$ / **Prod. Maschinen** ~ 470
Photo:	(S. Zacharias): Eine Su-25 der tschechischen Streitkräfte.

Daten der Su-25K

Spannweite 14,35 m, Länge 15,50 m, Höhe 4,85 m, Flügelfläche 33,75 m².
Leermasse 9300 kg, Startmasse 14 550 kg, mit Überlast 17 550 kg,
Treibstoff intern 3650 l, extern 4600 l.
Höchstgeschwindigkeit 970 km/h, Landegeschwindigkeit 185 km/h, Dienstgipfelhöhe 8000 m, max. Steigleistung 10 m/s, Startrollstrecke 600 m, Überführungsreichweite 3000 km, Einsatzradius mit 3000 kg Waffen 700 km,
Treibstoffverbrauch 2000 l/h.

Zusammen mit der *Mig-29*, bildet die *Su-27* die modernste Generation der Abfangjäger in Russland und von beiden Typen sind zusammen rund 850 Maschinen bei der russischen Luftwaffe im Einsatz. Mit der Entwicklung der *Su-27* wurde Anfang der 70er Jahre begonnen und sie zählte zu den ersten sowjetischen Kampfflugzeugen mit einer raffinierten Aerodynamik sowie einer aufwendigen Computer- und Radartechnologie für den Einsatz unter allen Wetterbedingungen. Leistungstechnisch und größenmäßig entspricht die *Su-27* weitgehend der amerikanischen *F-15 Eagle*.

Die *Su-27* kam ab 1986 in den aktiven Dienst bei der sowjetischen Luftwaffe und 1987 gelangen einer norwegischen P-3 Orion die ersten detaillierten Nahaufnahmen dieses Musters bei einem kurzen Formationsflug über dem Barentssee. Der Basisversion *Su-27A* folgten die verstärkte *Su-27B* und die daraus abgeleitete zweisitzige Trainervariante *Su-27UB*. Für den Einsatz auf dem russischen Flugzeugträger Kuznetzow entstand die maritime Variante *Su-27K*, sie erhielt erstmals sogenannte Entenflügel unmittelbar hinter der Cockpit und ferner einen Fanghaken sowie ein verstärktes Fahrwerk für die harten Decklandungen.

Die Modernste und umfangreichste Ausrüstung hat die Variante *Su-27M*, dazu zählen farbige Bildschirmanzeigen in der Cockpit, ein leistungsfähiges Radar und erstmals eine ECM-Ausrüstung. Ferner hat die *Su-27M* eine sogenannte Schubvektorsteuerung mit vertikal verstellbaren Schubdüsen, die eine überdurchschnittliche Wendigkeit ermöglicht. Von dieser teuren Variante stehen allerdings nur wenige Exemplare im Einsatz.

Zu den Exportkunden der *Su-27* zählen die VR China mit 50 Maschinen und Vietnam mit 6 Maschinen. Die VR China strebt eine Lizenzproduktion der *Su-27* an mit einem geschätzten Bedarf von rund 200 Maschinen. Bei der russischen Luftwaffe stehen rund 350 *Su-27* in verschiedenen Varianten im Einsatz.

Kategorie:	Abfangjäger, Crew 1.
Bewaffnung:	Eine sechsläufige Bordkanone Kal. 30 mm und je nach Variante 8 bis 10 externe Stationen für max. 6000 kg Waffen.
Antrieb:	Zwei Mantelstromtriebwerke Saturn AL-31F mit je 80 kN ohne und je 122,5 kN Standschub mit Nachbrenner.
Hersteller:	Konstruktionsbüro Suchoi, Werk Komsomolsk, Russland.
Erstflug:	20.05.1977 / **Preis** ~ 30 Mio. US-$ / **Prod. Maschinen** ~ 450
Photo:	(H. Kreuzer): Eine maritime Su-27K der russischen Luftwaffe.

Daten der Su-27B

Spannweite 14,70 m, Länge 21,94 m, Höhe 5,93 m, Flügelfläche 65,50 m². Leermasse 14 800 kg, Startmasse 26 000 kg, mit Überlast 33 000 kg, Treibstoff intern 12 000 l.
Höchstgeschwindigkeit 2500 km/h (Mach 2,35), Landegeschwin. 280 km/h, Dienstgipfelhöhe 18 000 m, max. Steigleistung 300 m/s, Startrollstrecke 400 m, Überführungsreichweite 3700 km, Einsatzradius mit 3000 kg Waffen 1200 km, Treibstoffverbrauch 3300 l/h.

SUCHOI SU-30 SERIE   Russland

In den 80er und 90er Jahren entstanden auf der Basis des bewährten Musters *Su-27* eine ganze Reihe von weiterentwickelten Versionen mit 30er Typennummern. Den Anfang machte die Mehrzweckversion *Su-30M*, die im Dezember 1989 mit der Flugerprobung begann. Die *Su-30M* hat eine zweiköpfige Crew, eine geänderte Elektronikausrüstung für den Boden- und Luftkampf und 12 externe Waffenstationen für 8000 kg Zuladung. Ferner hat das Muster eine einziehbare Sonde für die Betankung in der Luft. Die daraus abgeleitete Exportvariante *Su-30MK* wurde in 40 Exemplaren an Indien und in 12 Exemplaren an Indonesien ausgeliefert.

Indien bemüht sich um eine Lizenzproduktion der *Su-30MK* im einheimischen Werk Hindustan Aeronautics in Bangalore. Als *Su-35* bezeichnete man zeitweise die Version *Su-27M*, siehe Seite 220. Im Jahr 1990 begann die Flugerprobung mit der Version *Su-34*, die auch unter den Bezeichnungen *Su-27IB* und *Su-32FN* geführt wurde. Mit 44 000 kg Startmasse ist sie die schwerste Ausführung aus der Su-27/Su-30-Familie und ihre Einsatzrolle ist die eines Jagdbombers für lange Destinationen.

Extern unterscheidet sich die *Su-34* von den anderen Versionen durch einen voluminöseren Vorderrumpf mit einem neugestalteten Cockpit sowie Tandemsitzen für die beiden Besatzungsmitglieder und ferner durch das verstärkte Fahrwerk mit jeweils zwei Tandemrädern an den Hauptbeinen. Die *Su-34* kann an ihren 12 externen Waffenstationen Luft-Luft-Lenkwaffen, Luft-Boden-Lenkwaffen und Antischiffs-Lenkwaffen bis zu einer Gesamtmasse von 8000 kg mitführen. Das Muster gilt als Ersatz für die *Su-24*, doch der unzureichende Wehretat Russlands ließ noch keine Serienproduktion zu. Seit September 1997 steht die interessante Version *Su-37* in der Flugerprobung, bemerkenswert an ihr sind die gegen die Flugrichtung gepfeilten Flügel und der Antrieb mit den starken Triebwerken Aviadwigatel D-30F mit je 155 kN Standschub.

Kategorie:	Mehrzweckkampfflugzeug für lange Strecken, Crew 2.
Bewaffnung:	Eine sechsläufige Kanone Kal. 30 mm mit 180 Schuß und an 12 externen Stationen Lenkwaffen bis 8000 kg.
Antrieb:	(Su-34): Zwei Mantelstromtriebwerke Saturn AL-35F mit je 135 kN Standschub mit Nachbrenner.
Hersteller:	Konstruktionsbüro Suchoi, Werk Nowosibirsk, Russland.
Erstflug:	30.12.1989 / **Preis** ~ 35 Mio. US-\$ / **Prod. Maschinen** ~ 60
Photo:	(S. Zacharias): Su-30M

Daten der Su-34

Spannweite 14,70 m, Länge 22,70 m, Höhe 6,40 m, Flügelfläche 65,50 m².
Leermasse 18 000 kg, Startmasse 41 000 kg, mit Überlast 45 000 kg, Treibstoff ~ 15 000 l.
Höchstgeschwindigkeit 2000 km/h (Mach 1,8), Landegeschwind. 270 km/h, Dienstgipfelhöhe 15 000 m, max. Steigleistung 200 m/s, Startrollstrecke 1000 m, Überführungsreichweite 4000 km, Einsatzradius mit 5000 kg Waffen 1400 km, Treibstoffverbrauch 3700 l/h.

Die *Transall C-160* ist nach 35 Dienstjahren zahlenmäßig immer noch der wichtigste Militärtransporter von Deutschland sowie Frankreich, und in den nächsten zehn Jahren wird er diese Rolle weiter erfüllen. Für die Entwicklung und den Bau des Musters entstand im Januar 1959 das binationale Konsortium Transporter Allianz (Transall), dem auf deutscher Seite die damaligen Firmen Hamburger Flugzeugbau, Weser Flugzeugbau sowie Blume Leichtbau angehörten, und auf französischer Seite die Firma Nord Aviation.

Die *Transall* entstand nach den Vorgaben der deutschen und französischen Luftwaffe für einen taktischen Transporter mit einer Mittelstreckenreichweite und 16 000 kg Nutzmasse. Das Muster begann im Sommer 1965 den aktiven Dienst bei den erwähnten Luftwaffen, wobei aus dem ersten Baulos von 170 Maschinen Deutschland 90 abnahm und Frankreich 50. Weitere 20 Maschinen kaufte die Türkei und zehn die Luftwaffe Südafrikas. Nach sechs Jahren Pause wurden 1978 weitere 28 *C-160* nachgebaut, 25 für die französische Luftwaffe und drei für die zivile Service Postale de Nuit als Postflugzeuge.

Die *Transall* hat mit 8000 kg Nutzmasse rund 5000 km Reichweite und mit der max. Nutzmasse von 16 000 kg rund 2200 km. Der Laderaum hat ein Ladevolumen von 140 m³, er ist 3,2 m breit, 3,0 m hoch und 13,5 m lang. Die max. Nutzmasse besteht entweder aus 93 Soldaten oder 62 Fallschirmspringern oder aus 62 Verwundeten auf Tragen.

Neben dem militärischen Einsatz, wird die *Transall* für weltweite humanitäre Einsätze verwendet. Die Luftwaffe Deutschlands hat gegenwärtig noch 87 *C-160* im Einsatz, während es bei der französischen Luftwaffe noch 65 sind. In Deutschland wird das Muster nach den gegenwärtigen Plänen noch bis zum Jahr 2010 im Dienst bleiben, bevor es von dem geplanten Muster Airbus *A400M* ersetzt wird.

Kategorie:	Militärtransporter für Mittelstrecken, Crew 4.
Bewaffnung:	Keine.
Nutzmasse:	16 000 kg Fracht oder 93 Soldaten.
Antrieb:	Zwei Propellerturbinen Rolls-Royce RTy 20 Mk.22 mit je 4552 kW Startleistung.
Hersteller:	Transall Konsortium, Deutschland und Frankreich.
Erstflug:	25.05.1963 / **Preis** ~ 3 Mio. US-$ / **Prod. Maschinen** 200
Photo:	(DASA): C-160 der deutschen Luftwaffe.

Daten der C-160

Spannweite 40,00 m, Länge 32,20 m, Höhe 11,65 m, Flügelfl. 160,00 m².
Leermasse 28 000 kg, Startmasse 46 000 kg, mit Überlast 52 000 kg,
Treibstoff 16 250 l, (28 000 l bei neueren Versionen).
Höchstgeschwindigkeit 520 km/h, Landegeschwindigkeit 185 km/h, Dienstgipfelhöhe 8000 m, max. Steigleistung 9,5 m/s, Startrollstrecke 1100 m, Überführungsreichweite 8000 km, Reichweite mit max. Nutzmasse 2200 km, Treibstoffverbrauch 1400 l/h.

TUPOLEW TU-95/TU-142   Russland

Das schwere, strategische Mehrzweckkampfflugzeug *Tupolew Tu-95* kam im Jahr 1956 in den aktiven Dienst bei den sowjetischen Luftstreitkräften und es zählt heute zu den ältesten Waffensystemen. Der Öffentlichkeit wurde das riesige Flugzeug erstmals auf der Luftparade von Tuschino im Juli 1955 vorgestellt, seine Typenbezeichnung lautete damals *Tu-20* und bei der NATO erhielt es den Kode *Bear*. Seine Bauweise ist bis heute einmalig, es hat einen gepfeilten Flügel mit vier Propellerturbinen von jeweils 11 000 kW Startleistung und jedes Triebwerk besitzt gegenläufige Vierblatt-Luftschrauben mit 5,6 m Durchmesser.

Die Hauptaufgaben des Musters sind die maritime Langstreckenaufklärung, die Bekämpfung von strategischen Seezielen und als Träger von nuklearen Lenkwaffen von mittlerer Reichweite. Während der langen Produktionszeit bis 1991 wurden rund 120 Maschinen produziert, von denen es zahlreiche, leistungsgesteigerte Varianten gab. Ab 1985 kamen die bis heute verwendeten Versionen *Tu-95MS-6* sowie *Tu-95MS-16* zum Einsatz. Die Bewaffnung der *Tu-95MS6* besteht aus sechs Lenkwaffen mit 3000 km Reichweite und Gefechtsköpfen mit jeweils 250 Kilotonen Sprengkraft, und die MS-16-Variante kann zehn dieser Lenkwaffen zusätzlich extern mitführen. Zur eigenen Verteidigung haben frühe Varianten drei Abwehrstände mit je zwei Kanonen vom Kaliber 23 mm und die neueren Ausführungen besitzen lediglich einen Heckstand mit zwei dieser Kanonen.

Ebenfalls in den 80er Jahren entstand die Version *Tu-142*, sie verfügt wahrscheinlich über die neueste sowjetische Aufklärungselektronik und andere diverse Verbesserungen. Die indische Marine kaufte von der *Tu-142* als einziger Exportkunde acht Maschinen. Bei den russichen Luftstreitkräften sind gegenwärtig etwa 70 Maschinen von der Baureihe *Tu-95/Tu-142* im Einsatz. Nach dem Zerfall der Sowjetunion behielt die Ukraine 30 *Tu-95*, die aber wahrscheinlich nicht mehr einsatztüchtig sind.

Kategorie:	Aufklärungs- und Kampfflugzeug für Langstrecken, Crew 10.
Bewaffnung:	Ein bis drei Abwehrstände mit je zwei Kanonen (Kal. 23 mm) und 6 bis 16 Lenkwaffen bis 20 000 kg Gesamtmasse.
Antrieb:	Vier Propellerturbinen Kuznetzow NK-12MV mit je 11 000 kW Startleistung.
Hersteller:	Konstruktionsbüro Tupolew, Werk Taganrog, Russland.
Erstflug:	etwa 1955 / **Preis** ~ 30 Mio. US-$ / **Prod. Maschinen** ~ 120
Photo:	(Piotr Butowski): Tu-95 der russischen Luftwaffe

Daten der Tu-142

Spannweite 51,10 m, Länge 49,50 m, Höhe 12,15 m, Flügelfläche 311,00 m². Leermasse 90 000 kg, Startmasse 165 000 kg, mit Überlast 187 000 kg, Treibstoff 100 000 l.
Höchstgeschwindigkeit 900 km/h, Landegeschwindigkeit 200 km/h, Dienstgipfelhöhe 12 000 m, max. Steigleistung 10 m/s, Startrollstrecke 2000 m, Überführungsreichweite 12 000 km, Einsatzradius mit 10 000 kg Waffen 5000 km, Treibstoffverbrauch 6200 l/h.

TUPOLEW TU-22M   Russland

Mit über 250 Maschinen ist der Mittel- und Langstreckenbomber *Tupolew Tu-22M* das wichtigste Kampfflugzeug für die Gegenwärtige nukleare Strategie bei den russischen Streitkräften. Das Muster kann im Tiefflug mit hoher Überschallgeschwindigkeit in gegnerisches Territorium eindringen und seine Waffenlast von bis zu 24 Marschflugkörpern mit nuklearen Sprengköpfen absetzen. Die Abwehrmöglichkeiten für einen so schnellen und tieffliegenden Eindringling sind recht gering. Der NATO Kode für dieses kampfstarke Flugzeug lautet *Backfire* und es zählt zu den fortschrittlichsten Mustern aus der ehemaligen Sowjetunion. Auffallende Merkmale der *Tu-22M* sind das formschöne Design, die variable Geometrie der Außenflügel und die langen Triebwerktunnel, die sich über rund 75% der Gesamtlänge erstrecken. Neben dem Waffenschacht besitzt das Muster drei externe Stationen für große Lenkwaffen, die Selbstverteidigung besteht aus einem ferngesteuerten Heckstand mit zwei Kanonen vom Kaliber 23 mm. Für lange Strecken kann das Muster rund 12 000 kg Waffen aufnehmen, für mittlere Strecken max. 24 000 kg. Rund 70 bis 100 *Tu-22M* sind für die Bekämpfung von Seezielen optimiert und sie werden zahlreich bei Erkundungsflügen über den Weltmeeren beobachtet. Für Aufklärungsflüge werden im Rumpfschacht zusätzliche Treibstofftanks eingebaut, die einen Aktionsradius von rund 6000 km ermöglichen und eine Anlage zur Betankung in der Luft erweitert die Einsatzdauer erheblich.

Die *Tu-22M* kam ab Mitte der 70er Jahre zum Einsatz und es wurden rund 300 bis 350 Maschinen gebaut. Bekannt sind drei Hauptvarianten, die im Westen als *Backfire A/B/C* bezeichnet wurden. Die letzte Variante C oder auch *Tu-22M-3* steht seit Mitte der 80er Jahre im Dienst und sie hat einige Detailveränderungen erhalten, z. B. größere, neugestaltete Lufteinläße für die stärkeren Triebwerke, eine einziehbare Sonde für die Luftbetankung und wahrscheinlich eine aufgewertete Ausrüstung.

Kategorie:	Bomber für Mittel- und Langstrecken, Crew 4.
Bewaffnung:	Im Waffenschacht sowie an 3 externen Stationen div. Lenkwaffen mit kurzer oder mittlerer Reichweite bis 24 000 kg.
Antrieb:	(Tu-22M-3): Zwei Mantelstromtriebwerke Kuznetzow mit je 155 kN ohne und je 225 kN mit Nachbrenner.
Hersteller:	Konstruktionsbüro Tupolew, Werk Kazan, Russland.
Erstflug:	1969-70 / **Preis** k. A. / **Produzierte Maschinen** ~ 300 –350
Photo:	(Piotr Butowski): Tu-22M der russischen Luftwaffe

Daten der Tu-22M-3 (z. T. geschätzt)
Spannweite 23,20/34,30 m, Länge 42,50 m, Höhe 11,25 m, Flügelfläche 185,00 m². Leermasse 60 000 kg, Startmasse 120 000 kg, mit Überlast 130 000 kg, Treibstoff ~ 80 000 l.
Höchstgeschwindigkeit 2000 km/h (Mach 1,8), Landegeschwind. 270 km/h, Dienstgipfelhöhe 15 500 m, max. Steigleistung 100 m/s, Startrollstrecke 1800 m, Überführungsreichweite 10 000 km, Einsatzradius mit 12 000 kg Waffen 4500 km, Treibstoffverbrauch 8000 l/h.

TUPOLEW TU-160   Russland

Der Langstreckenbomber *Tupolew Tu-160* zählt zur nuklearen Strategie Russlands und er ist mit 275 000 kg Startmasse das schwerste Kampfflugzeug der Gegenwart. Das Muster entstand Ende der 70er Jahre als Antwort auf den US-Langstreckenbomber *Rockwell B-1A* und interessant ist die relativ ähnliche konstruktive Auslegung beider Flugzeuge. Gleichzeitig ist die *Tu-160* das teuerste und ehrgeizigste Projekt der sowjetischen/russischen Luftfahrtindustrie, das mit dem Bau von 35 Maschinen 1994 endete.

Die *Tu-160* kam ab 1987 in den aktiven Dienst und eine der Heimatbasen wurde Priluki bei Kiew. Nach dem Zerfall der Sowjetunion wurde die Ukraine im Sommer 1991 ein unabhängiger Staat. Zu diesem Zeitpunkt befanden sich 19 *Tu-160* in Priluki, die von der neuen Regierung als Pfand gegen Russland beschlagnahmt wurden. Im Dezember 1999 kaufte Russland acht *Tu-160* von der Ukraine zurück, die zusammen mit 7 weiteren Maschinen auf der Basis Engels im süden Russlands stationiert sind.

Es ist wahrscheinlich, daß die 12 übrigen *Tu-160* in der Ukraine verschrottet werden, denn das Land kann sich die hohen Kosten für den Einsatz sowie Unterhalt eines so teuren Militärflugzeuges nicht leisten. Auch Russland kann nicht die geforderten Mittel für den Rückkauf sowie den Unterhalt von zusätzlichen 12 *Tu-160* aufbringen.

Die *Tu-160* befördert ihre Waffen ausschließlich in zwei Bombenschächten, die mit je einem rotierenden Werfer für je sechs nukleare Marschflugkörper vom Typ *CH-55* ausgelegt sind. Das Muster könnte rund 35 Tonnen konventionelle Bomben tragen, doch diese Einsatzart wird für das wichtige Muster nicht erwogen. Interessant ist die Auslegung des Leitwerkes bei der *Tu-160*, es besitzt keine Ruder und die Steuerung erfolgt mit dem Verstellen der gesamten Fläche bei dem Höhenleitwerk sowie dem oberen Teil des Seitenleitwerkes. Die Außenflügel lassen sich im Bereich von 20° bis 65° verstellen.

Kategorie: Langstreckenbomber, Crew 4.
Bewaffnung: In zwei Waffenschächten insgesamt zwölf Marschflugkörper CH-55 mit nuklearem Sprengkopf.
Antrieb: Vier Mantelstromtriebwerke Samara NK-32 mit je 138 kN ohne und je 245 kN mit Nachbrenner.
Hersteller: Konstruktionsbüro Tupolew, Werk Kazan, Russland.
Erstflug: 19.12.1981 / **Preis** k. A. / **Produzierte Maschinen** 35
Photo: (Piotr Butowski): Tu-160 der russischen Luftwaffe.

Daten der Tu-160
Spannweite 35,50/55,80 m, Länge 54,50 m, Höhe 13,20 m, Flügelfläche ~ 300,00 m². Leermasse 120 000 kg, Startmasse 275 000 kg, Treibstoff 185 000 l.
Höchstgeschwindigkeit 2100 km/h (Mach 1,9), Landegeschwind. 250 km/h, Dienstgipfelhöhe 16 500 m, max. Steigleistung 95 m/s, Startrollstrecke 1500 m, Überführungsreichweite 13 000 km, Einsatzradius mit 20 000 kg Waffen 4500 km, Treibstoffverbrauch 15 000 l/h.

INHALT

AM START -

moderne   Verkehrsflugzeuge & Business Jets

Ein hochwertiges Taschenbuch, daß seit 1988 im Buchhandel ist und das alle wichtigen Verkehrsflugzeuge sowie Geschäftsreisejets ausführlich beschreibt.
Die kompakte Ausgabe enthält zahlreiche Daten und Fakten wie z. B. den Basispreis, die Zahl der gebauten Maschinen, die wichtigsten Betreiber und Beispiele über Sitzkonfigurationen.

192 Seiten, 100 Farbfotos,
Format 11,5 x 18 cm,
Preis DM 24,80 / € 12,68
ISBN 3-9805934-0-1